アとイスラーム、二つの未知なるものを本書が提示できれば幸いである。

目次

サウジアラビア　関連年表　203

サウジアラビア　「イスラーム世界の盟主」の正体

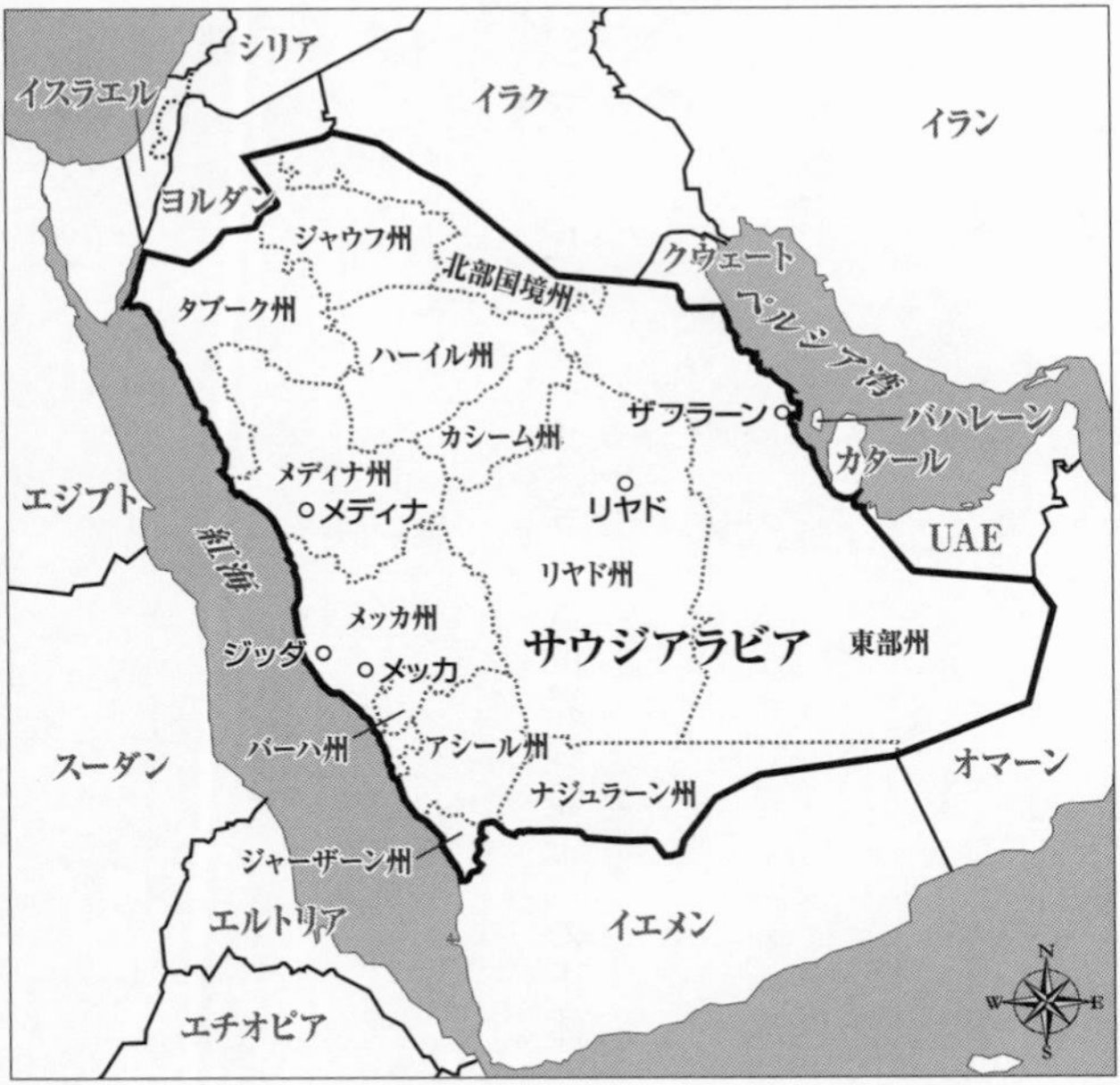

現在のサウジアラビア13州と主要都市

序章　イスラームの世界観

イスラームの成り立ち

西暦六一〇年頃、アラビア半島西部のメッカで商人ムハンマドが唯一神アッラーの啓示を受け、これを人々に伝えた。アッラーを唯一なる神、ムハンマドをその使徒と認めた人々は神に「帰依」し（アラビア語で「イスラーム」という）、日々五回の礼拝や年間約一ヵ月にわたり日中の斎戒《さいかい》（身体を浄めて飲食や欲を断つこと）を行う——こうしたイスラームの歴史や基本教義については多くの概説書があるうえ、網羅、詳述するには紙幅が足らない。ここでは本書がテーマとする宗教・国家・社会にかかわるエッセンスを述べていこう。

唯一なる神への帰依を説くことは、商人の町としてさまざまな神々を受け入れていたメッカの秩序を乱すものと周囲に受けとられた。このため、迫害を受けたムハンマドは、六二二年にわずかな同胞とともに北方のメディナに逃れた。当時のメディナは多神教徒が三分の二、ユダヤ教徒が三分の一を占め、部族間の抗争が続いていた。ムハンマドはメディナの人々の招きでこの調停を務め、同地を各宗教が自治権を有して共存する場所とした。そして、人々がイスラームの教えにのっとって生活を営むウンマ（共同体）を設立したのである。

その後、メッカの軍勢に勝利したムハンマドは、六三〇年に同地を無血征服した。そして二年後の巡礼月に、最初で最後となるメッカ大巡礼（ハッジ）を果たし、その数ヵ月後、メディナで息を引きとった。

このとおり、ムハンマドの生涯のうち、神の啓示を授かる預言者、また預言を人々に伝える使徒として活動した期間は約二二年である。この間の出来事は、日本では中等教育の歴史科目で習う基本的な内容だが、イスラームの世界観を知るうえでは非常に重要な点を含んでいる。

ヒジュラ暦がもつ意味

まず注目したいのは、「イスラーム暦」とも呼ばれるヒジュラ暦が六二二年を元年としていることだ。つまり、ムハンマドが神の啓示を初めて授かった年ではなく、彼がメッカを脱出してメディナに向かった年をはじまりとする。それはなぜなのか。

よく知られるように、イスラームはユダヤ教・キリスト教と同根のセム系一神教である。神はムハンマドより先に、モーセやイエスといった聖書に登場する人々に預言者・使徒としての役割を与えた。つまり、イスラームという宗教はムハンマドに啓示を授ける以前から存在し、ムハンマドが開祖というわけではない。このうえで六二二年をムスリム（イスラームの信徒）にとっての暦のはじまりと捉える理由は、イスラームにのっとった社会を形成することの意義の大きさであろう。六三八年にヒジュラ暦が制定された際、ムハンマドの生年や没年を元年とする案も出たとされるが、生年が不確かなこともあり、多くの人が六二二年案に賛成したという。

なお、ヒジュラはもともと「移住」を意味するアラビア語の名詞だが、ムハンマドのメディナへの移住を指す場合は定冠詞がつくことで特別な意味を与えられ、日本語ではしばしば「聖遷」と訳されてきた。ヒジュラがただの敗走ではなく、イスラーム社会誕生のための輝かしい第一歩と位置づけられていることがよくわかる。

ムハンマドは、六三〇年のメッカ解放後もメディナを住処とした。つまり、メッカ解放は同地を居城とするためではなく、同地とその中心にあるカアバ（天地創造の際に建てられた人類最古の聖殿）を、イスラームの聖地として解放するためであった。これに先立つ六二四年、彼はムスリムが行う礼拝の方向をメッカと定め、同地征服の折にはカアバのなかに設置されていたさまざまな神像を破壊している。メッカは神話的、あるいは儀礼的な意味でイスラームの中心だが、宗教共同体はムハンマドによってイスラームにのっとった生活世界が形成されたメディナを中心としたのである。

イスラームの継承

ムハンマドの死後、メディナの統治の任はアブー・バクル、ウマル、ウスマーン、アリーの四人が順番に引き継いだ。しかし、彼らはムハンマドの預言者の役割を引き継いだわけではない。なぜならムハンマドは自らを「預言者の封印」、つまり最後の預言者と表明していた。また預言者のうち、神から授かった啓示を人々に伝える役割を負った者を使徒と呼ぶ。したがって、ムハンマド以降は預言者も使徒も存在しないというのがイスラームの基本的な考えだ。

このため、右の四人が引き継いだのはムハンマドの政治・社会指導者としての役割に限ら

0－1　**ウマル・イブン・ハッターブ・モスク**　サウジアラビア北部ジャウフ州のダウマ・ジャンダル市郊外。ヒジュラ暦16年に第二代カリフのウマルがエルサレム遠征の途中で建立した（筆者撮影）

れる。この役割にある者をカリフ（アラビア語で「後継者」を意味するハリーファが訛《なま》ったもの）、そしてこれら四人を一般には正統カリフと呼ぶ。正統カリフのもと、メディナを中心にイスラーム共同体はアジア・アフリカ地域に広がった（0－1）。

しかしアリーの時代、ダマスクス（現シリア首都）とバスラ（現イラク）を中心とした勢力と、クーファ（現イラク）を拠点としたアリーの支持者との対立に突入し、以降メディナがイスラーム共同体の政治・社会的中心となることはなかった。

無謬なる典拠——クルアーンとスンナ

イスラームには、さまざまな問題について公式な回答を出す指導者と呼ぶべき唯一の人物や、各地のモスクや宗教学校を統制する、日本仏教にとっての総本山に相当する特定の機関が存在しない。ムハンマド、メディナ、そして正統カリフという中枢を失った状況で、人々は神の意図、すなわち本来あるべき「正しいイスラーム」をどのように継承してきたのだろうか。

この問題を、①啓示を残す、②啓示を解釈する、③啓示を応用するという三つの面から考えたい。①については啓示を書物とすることで解決した。いわずと知れた聖典クルアーンである。「読み上げられるもの」という原義のとおり、本来クルアーンは声に出して読むもので、預言者ムハンマドを媒介者として人々に共有されてきた。そして、カリフ・ウスマーンの時代に書物として編纂《へんさん》されたことで、人々がいつでも神の言葉に接することができる環境が整ったのである。

このうえで、日々の生活に際して神の言葉をどう解釈するかは引き続き重要な問題となる。そこで必要となるのが②、ムハンマドの言行（スンナ）である。人々は「地上を歩くクルアーン」と呼ばれ、神の言葉の意図を完全に理解したムハンマドのスンナに関するエピソードを集め、これをハディース（「話」を意味するアラビア語）と称される伝承集に仕上げた。ハディースはムハンマドの具体的な発言や行動を周囲の人々による伝聞形式で語り、信仰箇条だけでなく、食事、服装、人間関係といった日常のさまざまな事柄に対して、信徒がどのような根拠にもとづいてどう振る舞うべきかの模範となっている。啓示と異なり、ムハンマドの言動は多くの人が見聞きしたため、編纂作業は膨大かつ複雑なものとなった。しかし学者たちは伝承経路の確認を中心にハディースの真贋《しんがん》を識別し続けた。今日も、ハディースは信徒の行動規範として、クルアーンに次ぐ典拠とされている。

イスラームの不確実性

神の命令に従う良き信徒でありたい――こう願う人々にとって、なにをおいてもクルアーンとハディースをひとまず自らの信条と行動規範のためのテキストとすれば、ムスリムとしての道を大きく外れる可能性は低くなる。しかし、現実の生活で直面する問題の答えが必ずしもテキストから導き出せるとは限らない。クルアーンを正しく理解しているのか、自分の知らないハディースがあるのではないかといった不安は人々の間で絶えない。また、後世の社会ではムハンマドの時代にはなかった事態が起こるため、いち信徒が「正しいイスラーム」的回答を導き出すことには能力と心理の両面で限界があっただろう。

これを受けて、学者たちはクルアーンとハディースを応用して人々に回答を与える役割を預言者から引き継いだ。この学問的取り組みが③、イスラーム法学（アラビア語でフィクフと呼ぶ）である。ここでいう「法」はクルアーンとハディースが語る人間の行為規範を指し、アラビア語でシャリーア（日本語では「イスラーム法」と訳されている）と呼ぶ。神と預言者の意図を汲み取り、判例を出す取り組みがフィクフというわけだ。

ただしここで重要なのは、イスラーム法学によって導き出された回答がイスラーム法とは決してならないことである。神の命令であるシャリーアは、人が制定し、変えることも可能な法律とは根本的に異なる。クルアーンとハディースにもとづいているからといって、一人の学者の見解がこれらと同等の公理になることはない。このためイスラーム社会では、基本的な原則を除けば時代や場所に応じた「正しいイスラーム」的回答が、法学的見解として生産され続けてきた。この状況をイスラームの多様性として称揚することはもちろん可能だが、同時にそれは、信徒が拠って立つ「正しいイスラーム」が不確かであることを意味する。

以上の内容を踏まえて、現代世界、とりわけ今日の日本社会に住む人々から見たイスラームの特徴について考えたい。

神の命令を規範とした社会形成を目指すイスラームは、宗教という枠を超えて政治、経済、社会といった人間生活のあらゆる面を包含する――これはしばしば用いられるイスラームについての枕であり、概説書にもよく出てくる常套句《じょうとうく》だ。

ただしこうしたイスラーム理解は、現代人が抱く宗教観全般にかかわるものである。少なくともこの常套句は、宗教が政治、経済、社会といった側面に関与しないという前提で、イスラームの特殊性を強調している。したがって常套句が説得力を持つためには、宗教は政治などにはかかわらない、個々人の内面にとどまるものだといった現代の一般的な考え、つまり政教分離や宗教の私事化を是とする近代以降の国家と宗教の関係についての通念が前提となる。本書はイスラームが人間生活の諸側面を包含するとの見方に異は唱えない。しかし、これをイスラームの特殊性と捉えることについては、まず我々の側に存在する「近代」というバイアスを自覚する必要があるだろう。

近代とは歴史上のたんなる時代区分ではなく、三十年戦争の終結後に結ばれたウェストファリア講和条約（一六四八年）によって確立したヨーロッパ発祥の国際秩序のあり方を含む。

この場合、近代が指すのは各国が自国の領域を統治するうえで主権を有し、聖なる法に代わる法律を制定することで国家の平和を生むという世界観だといっていい。国家が生活者にとっての最上位の統治機構であり、その運営は他国の干渉を受けないとの原則は、今日の我々にとってもはや常識と呼べる考えであろう。

近代と宗教

もう一つ、近代を考えるうえで無視できないのは宗教の位置づけだ。主権国家の誕生は、それまで自明であった宗教による統治から土地と人々が解放されたことを意味した。これによって宗教は社会での公的な地位を失っただけでなく、制度や価値観の面で支配力を弱めた。こうして宗教が公共の場から次第に姿を消した過程を一般に世俗化と呼ぶ。

ただし、これは宗教を根絶させるものではない。まず、公的な地位を失った宗教はよりプライベートな問題へと変わり（私事化）、この延長で人々は宗教自体だけでなく、宗教の教義や実践に対しても選択権を持つにいたった。信仰を持つかどうか、信仰を持ったうえで儀礼を行うかどうかといった二つの選択肢が与えられたことで、教会に行かないクリスチャンや瞑想《めいそう》を行うだけの仏教徒、あるいは滝行や聖地巡礼を娯楽の一環で行う「無宗教者」などが現れた。

一方、社会における宗教はその役割を変えながらも残り続けた。フランスの哲学者ジャン＝ジャック・ルソーは、人々が主権を持った近代社会における「市民的宗教」について次のとおり説明した。

市民的宗教の教理は、単純で〔項目の〕数が少なく、説明や注釈なしできちんと言いあらわせるものでなければならない。つよく、かしこく、親切で、先見の明あり、めぐみ深い神の存在、死後の生、正しいものにあたえられる幸福、悪人にくわえられる刑罰、社会契約および法（lois）の神聖さ。これらが、この宗教の肯定的教理である。否定的教理に関しては、ただひとつだけにとどめる。それは不寛容（intolérance）である。不寛容は、わたしたちが否定した諸宗派に属するものだ。（『社会契約論』）

目を引くのは個々の教義（教理）への拒否感だ。ルソーは近代社会の宗教に、人々が容易に参入できるような柔軟性を求めた。一方、市民の主権の確保（社会契約）と法律（lois）の順守が教義に含まれている点からは、彼が宗教に社会秩序の維持への貢献という期待を寄せているとことがわかる。つまり、近代社会において宗教は公的な場での影響力を失いつつ、共同体の統合原理としての役割を与えられてきたことになる。こうした市民宗教論はフランスのエミール・デュルケムやアメリカのロバート・N・ベラーなどの社会学者に引き継がれ、宗教は社会の結束や道徳的規範を生み出すものと捉えられてきた。

イスラームの特殊性を問う

以上を踏まえれば、人間生活のあらゆる面を包含するというイスラームの特殊性は、「近代化していない」という一点に集約可能に思われる。そしてこれを「特殊」と評価することを可能にしているのは、近代化を経験したヨーロッパやその影響を受け入れた側と、そうでない側との間にある一種の権力関係かもしれない。異なるAとBについて、Aを普遍としてBを特殊とする二分法が成り立つとすれば、それは制度、慣習、通念のうえでAがBに対して支配的立場を築いている場合だ。現代世界にとってのイスラームの特殊性はイスラームに内在したものではなく、今日、普遍的といってもいいほどの地位を獲得した近代という価値基準によって生み出されたということができよう。

もちろん、非近代性――つまり一七世紀以降のありよう――以外の要素でイスラームの特殊性を描くことが不可能なわけではない。たとえばキリスト教とイスラームのはじまりを比べたとき、キリスト教はそもそも近代化のプロセスとしての世俗化を内包していたと考えることもできる。「皇帝のものは皇帝に、神のものは神に返しなさい」(『新約聖書』マタイによる福音書二二) というイエスの有名な言葉があるが、これはキリスト教がローマ帝国という世俗の権威のもとで広まった状況をよく示している。

一方でイスラームは君主、臣民、領土などの政治体制の要素がない七世紀のアラビア半島で誕生し、皇帝や帝国に相当する統治者が存在しなかった。また現代に目を向ければ、イスラームの非近代性が強調される一方、現実にはすべてのイスラーム社会が近代西洋型の国家として存在し、ほとんどの国が事実上の政教分離を採用している。これらを考慮すれば、現代世界から見たイスラームの体系的な特殊性、あるいは心理的な異質性は、翻って現代世界の特殊性を映す鏡ともいえる。

第1章　サウジアラビアの歴史

たとえば「エジプトのアズハル総長」による「イスラームでは○○が禁じられる／許される」との発言が、信用に足るイスラーム的回答として報じられることがある。アズハルといえばカイロにある一三世紀以来のスンナ派イスラーム学府の名門を擁する宗教機関で、その総長といえばエジプトという枠を超えた厳然たるイスラームの知的権威だ。

この点はサウジアラビアも同様である。「サウジアラビアにおけるイスラームの最高権威」「メッカの聖モスクの指導者」によるイスラームについての見解は、おおむね権威ある「正しいイスラーム」的回答として伝えられる。もっともサウジアラビアの場合、この「正しい」に杓子定規《しゃくしじょうぎ》や頑迷固陋《がんめいころう》といった、否定的な意味が込められている場合も少なくない。

こうした両価値的とも呼べるサウジアラビア像がどのように形成したのかを理解するために、本章では同国の成り立ちについて説明する。

1　政教依存国家の誕生——一七四四年の政教盟約

現在のサウジアラビア王国は、第一次王国（一七四四〜一八一八年）、第二次王国（一八二四〜八九年）に次ぐ、一九三二年以来の第三次王国と位置づけられ、その統治体制や政治思想には連続性が確認できる。このため、第一次王国誕生のあらましを無視して同国を語ることはできない。

アラビア半島はイスラーム社会の創成の地である。しかしそれはヒジャーズ地方と呼ばれる半島西部の話だ。サウジアラビア黎明《れいめい》の舞台となるのはナジュド地方と呼ばれる半島中部である。この発端は、ウヤイナという村のウラマー（イスラーム学者／知る者の意）、ムハンマド・イブン・アブドルワッハーブ（一七〇三〜九二年）だ（1-1）。

彼は当時のナジュドで広まっていた聖木信仰、聖廟参詣、願かけ、魔除け、まじない、予

１－１　**ウヤイナにあるイブン・アブドルワッハーブの生家跡**　特に観光地化もされていない（筆者撮影）

言などの慣習を、多神崇拝につながる「ビドア」だと訴え、やめるよう人々に呼びかけた。ビドアは字義どおりには「新しく作られたもの」を意味するが、転じて預言者ムハンマドの時代にはなかった新奇なもの、「正しいイスラーム」の実現を阻む考えや制度、慣習などを指す。イブン・アブドルワッハーブは、ナジュドのウラマーはクルアーンとハディースについての知識がないため、さまざまなビドアが社会に根づく事態を放置しているのだと糾弾した。

こうした行動によって故郷でもて余し者扱いされた彼は、メディナやバスラで遊学した後、ウヤイナの隣村フライミラーで再び啓蒙活動に取り組んだ。ここで一時は庇護《ひご》を受けたものの、その後はウラマー同士の権力争いの余波を受けて、最終的に南方の町ディルイーヤに追放される。

ディルイーヤに居を移したイブン・アブドルワッハーブは、引き続きビドアを廃止するよう人々に説いてまわった。この噂《うわさ》を耳にしたのが、同地の有力部族の長であったムハンマド・イブン・サウード（一六九七～一七六五年）の妻と兄弟である。イブン・アブドルワッハーブの庇護者になるよう妻らに勧められたイブン・サウードは、彼を訪れてなにを望んでいるのかを尋ねた。これに対してイブン・アブドルワッハーブは、ビドアを社会から一掃し、イスラームの教えにもとづいた社会を作ること、そうすれば神はイブン・サウードがナジュドの支配者になることをお認めになるだろうと説明した。

そしてイブン・サウードは一七四四年、イブン・アブドルワッハーブを思想的後見人として自身の一族の名を冠したサウジアラビア王国（「サウード家のアラビア王国」を意味する）の建設に着手したのである。

政教分離

ここでサウジアラビアの統治体制を確認しておこう。イブン・アブドルワッハーブとイブン・サウードは国家の運営にあり、イブン・サウードの一族が政治を、イブン・アブドルワッハーブの一族が宗教をつかさどることで合意した。サウジアラビアはしばしば政教一致の国家といわれるが、この原則に目を向けると、むしろ政教分離と呼んでいいように思える。

ただし近代国家の文脈でいう政教分離の基本は、政治と宗教の間の権力関係を断ち切ることにある。たとえばフランスは一八世紀末の革命以来、ライシテ（非宗教性）の原則をとおして厳格な政教分離に取り組んできた。その中心は、近代国家の形成過程でローマ教皇庁の干渉を防ぎ、国内のキリスト教会の活動を制限することにあった。

同様に一八世紀末の建国以来、アメリカも政教分離を統治の原則として採用している。アメリカの場合、多様な宗教的背景を持つ人々が住む社会を一つの宗教によって統合したり、逆にあらゆる宗教を禁止したりといった統治が困難であるため、政教分離の焦点は政府が一部の教会や宗教団体に特権を与えることの禁止に当てられた。ただし、実際には国民の大半がキリスト教徒であるため、大統領就任式の宣誓で聖書に手を置く儀式のように、キリスト教的伝統は近代的価値観と結合した「見えざる国教」として残っている（森孝一『宗教からよむ「アメリカ」』）。

日本の場合はどうか。一九四六年に公布された現行の憲法では、一般に次の条文が政教分離の根拠とされる。一読してわかるように、国家が宗教団体に政治・経済的な特権を与えたり、宗教的な伝統や価値観を反映したりすることを禁じるものだ。

第二〇条

一項　信教の自由は、何人に対してもこれを保障する。いかなる宗教団体も、国から特権を受け、又は政治上の権力を行使してはならない。

二項　何人も、宗教上の行為、祝典、儀式又は行事に参加することを強制されない。

三項　国及びその機関は、宗教教育その他いかなる宗教的活動もしてはならない。

第八九条

公金その他の公の財産は、宗教上の組織若しくは団体の使用、便益若しくは維持のため、又は公の支配に属しない慈善、教育若しくは博愛の事業に対し、これを支出し、又はその利用に供してはならない。

いずれにせよ、日本の政教分離も政治と宗教の権力をつうじた結びつきを否定するものであることがわかる。

サウジアラビアの政教関係

以上と照らし合わせれば、サウジアラビアの政教関係の原則は、政治権威と宗教権威が協力を仰ぎあう、「政教依存」と呼ぶのが適当であろうか。政治権威は支配の正当性を宗教権威に求め、宗教権威は「正しいイスラーム」的社会を形成するための支配を政治権威に求める。

ここで宗教権威の役割がうかがえるエピソードを紹介しよう。盟約の際、イブン・サウードはイブン・アブドルワッハーブに住民からの徴税について許可を求めた。しかしイブン・アブドルワッハーブは認めず、代わりに新たな征服地から戦利品を得ること、そしてそれが税金よりも莫大であることを説明した。このように、イブン・アブドルワッハーブは具体的な政策方針をイブン・サウードに提案していたのである。

もっとも、イブン・アブドルワッハーブは国王の個人的な指南役だったわけではない。彼は首席裁判官や最高ムフティーという公職の立場から、国家形成にあたっての政策や人々の生活で採用される判例を出し続けた。ムフティーとはイスラーム法学に通暁し、「正しいイスラーム」と人々に信じられる回答を発布する権限を与えられた官職を指す。最高ムフティー（Grand Mufti）は、オスマン帝国下で確立したムフティーの最高位であり、多くの場合、国家における最高位の宗教権威と位置づけられる。

2 ワッハーブ主義──建国理念が目指したもの

ここでサウジアラビアが掲げる「正しいイスラーム」について明らかにしておきたい。イブン・アブドルワッハーブはビドアを排除したイスラームのあり方を説いた。この理由として、彼はビドアが多神崇拝や偶像崇拝につながることを挙げた。すなわち、徹底した一神教としてのイスラームへの希求が彼の思想の根幹にあったのである。これを彼は端的に「タウヒード」（一神論）と表現した。この言葉が指すのは、ほかならぬ神の唯一性だ。

神が唯一であること

アッラーは唯一の神──これは文法さえわかれば誰でも理解が可能な単純な教えである。

これをイスラームのアルファであり、オメガと位置づければ、イスラームに背く最たるものが多神崇拝であることは明白だ。事実、多神崇拝は「シルク」と呼ばれ、イスラームにおける最大の罪とされる。

しばしば争点になるのは、唯一なる神を念頭に置きつつも多神崇拝との疑惑が持たれる、さまざまな信仰実践である。イブン・アブドルワッハーブが聖木信仰や聖廟参詣を批判したのは、人々が木石や聖者、また護符などを救済や恩恵を求める対象としたためである。ここで、自然物を崇《あが》めることを禁じるクルアーンの有名な句を紹介しよう。

おまえたちは見たか、アッラートとアル＝ウッザーを。そして、さらに別の第三番目のマナートを。おまえたちには男性（息子）があり、彼（アッラー）には女性（娘）か。であれば、それは、不当な分け方である。それら（偶像神）はおまえたちとおまえたちの祖先がそう名付けた空名にすぎない。アッラーはそれらにはなんの権威も下し給わなかった。彼らは憶測と我欲が欲するものに従うにすぎない。そして確かに彼らには、彼らの主からの導きが訪れていた。

（クルアーン第五三章一九～二三節）

アッラートはその名を「神」に、アル＝ウッザーは「全能なる者」に、マナートは「定める者」に由来する、いずれもムハンマド以前のメッカ周辺で崇められてきた女神（アッラーの娘とされた）である。人々は岩や木でできたこれらの彫像を崇めていた。注目したいのは、人々が複数の神を崇めていたことや、岩や木で神をかたどったことよりも、これらの神々を権威として崇めていたことである。イブン・アブドルワッハーブは主著『一神論の書』をとおして、この句を引用しつつ同様の批判的解釈を展開する。

〈木や石、そのほかのものに祝福を求めることについて〉

神は偶像を崇めるすべての多神教徒を例外なく非難される。多神教徒はアッラート、アル＝ウッザー、マナートという三つの偶像を崇めていた。神は彼らを質す。これらの偶像がなんらかの方法であなた方に利益を与えてくれるのか？　あなた方を害悪から守ってくれるのか？　これらはあなた方がアッラーの許可を得ず勝手に名づけただけのものではないかと。また神は彼らが不当な区別を行っていると非難する。というのは、多神教徒は女性を蔑みながら［これらの偶像を］アッラーの子供として、しかもより弱い「女性」と決めつけ、一方で自分たちは男らしさや力強さの象徴として「息子」を自認する。これを女性への不当な扱いというなら、アッラーに対してはどうなるのか。アッラーはこれらの息子や娘を生み出した、〔万物を〕はるかに超えた存在だというのに。

（Muḥammad Ibn ʻAbd al-Wahhāb, *Kitāb al-tawḥīd*）

このように、多神崇拝やこの一環として偶像崇拝が批判される所以《ゆえん》は、神以外のものを神と並び立てることにある。木石や護符、死者が救済や恩恵を与えてくれると信じて乞い願うことは、一神教に反する行為となるわけだ。すなわち神の唯一性には、神であることの唯一性だけでなく、救いや恵みを人々に与える権威であることの唯一性が含まれる。

始祖にならう

イブン・アブドルワッハーブの主張は、彼の名に因《ちな》んでワッハーブ主義と呼ばれてきた。この呼称は、イスラーム以外をかたくなに拒む「過激主義」の類語として用いられることが多い。サウジアラビアでも二〇世紀前半にはワッハーブ主義が自国への蔑称と認識され、今日では国内で使用される機会も稀《まれ》である。しかし、その理由はたんに同語が「過激主義」を示唆するためではない。

ワッハーブ主義の根幹であるタウヒードは、一言でいえばイスラームを誤りのない形に還元するものだ。すなわち、歴史上に存在した多くの「イスラーム」を誤ったものとする考えが背景にある。このこと自体は、特定の人物によって興った創唱宗教というイスラームの特性を考えれば理解が可能だ。明確な起源や教義を持たない自然宗教（神道など）に対して、創唱宗教では創始者が生きた時代を最良とする考えが珍しくない。事実、預言者ムハンマド自身は次のとおり述べている。

最善の世代は我が世代である。その次はそれに続く世代であり、そしてその次はそれにまた続く世代である。（ハディース）

こうした考えから、ワッハーブ主義は可能な限り「正しいイスラーム」を実現する方法として、イスラームの黎明期を支えた始祖たちにならうことを訴えた。具体的には、彼らがイスラームの典拠とした無謬《むびゅう》なもの、すなわちクルアーンとスンナのみを典拠とするよう呼びかけたのである。

この始祖をアラビア語で「サラフ」と呼ぶ。サラフが指す範囲はおおむね右のハディースであげた、ムハンマドに直接従った人々を第一世代とした三世代である。サラフにならうという意味から、クルアーンとスンナのみを典拠とする思想は広義の「サラフ主義」（サラフィー主義）に含まれる。ワッハーブ主義の呼称を嫌うサウジアラビアで代わりに好まれたのもサラフ主義だった。第三次王国のアブドルアジーズ初代国王（一八七六？～一九五三年、在位一九二五～五三年）自身は、これについて次のように述べている。

人々は我々を「ワッハーブの徒」と名づけ、これを特定の学派と見なして「ワッハーブ主義者」と呼ぶ。しかしこれは悪意を持つ人々が広めた虚偽のプロパガンダによって生じた、忌むべき誤りである。我々は新奇の集団でも、新奇の教義の徒でもなく、ムハンマド・イブン・アブドルワッハーブも新奇の人ではない。我々の教えはアッラーの書（クルアーンを指す）と彼の使徒のスンナから生まれたもので、これは先代より受け継がれたサラフの教えである。（一九二八年）

ワッハーブ主義はクルアーンとスンナのみを典拠とする立場から、特定の学派や宗派を擁立し、権威化することを拒む。このため、ワッハーブ主義自体が学派・宗派のごとく捉えられる事態を強く否定するのである。

3　中東のガラパゴス——第三次王国誕生までの軌跡

ムスリムが多数派を占める国家のなかでも、サウジアラビアは「イスラームの戒律が厳しい国」として特別視されることが多い。ただし厳しさの度合いに応じた階級や分類がイスラーム自体にあるわけではないため、「厳しい」原因は国が採用する制度や慣習に帰せられる。サウジアラビアの場合、この要因は一つにワッハーブ主義が掲げた一神教の徹底に求められる。一方でこれとは別に、「厳しい」国づくりを可能にした歴史的・地理的な要因を挙げることも可能だ。

「後進地域」の新興国家

サウジアラビアの直接的な起源は一八世紀半ばであり、ウマイヤ朝（六六一〜七五〇年）からオスマン朝（一二九九〜一九二二年）にいたる、メッカとメディナを支配してきた歴代

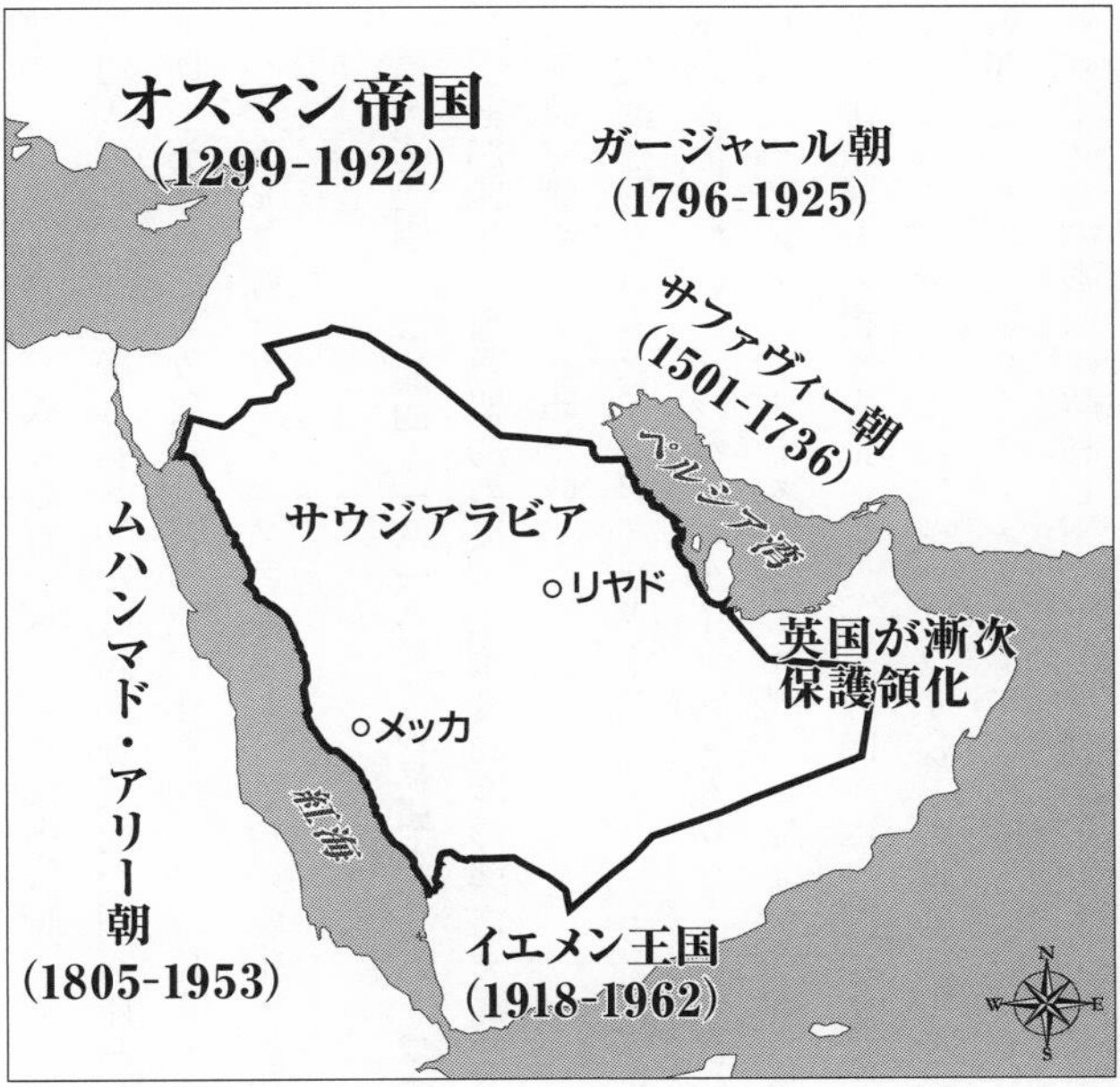

1－2　18〜20世紀初頭のサウジアラビアと周辺の主要国

のイスラーム王朝とも連続性を持たない。こうした背景から、少なくともサウジアラビアの首都リヤドがあるアラビア半島中部はイスラーム史にとって「後進地域」と呼べる場所だ。

このことは、外部世界から見た同地の戦略的位置づけにも影響した。一八世紀以降、ヨーロッパ諸国がアジア・アフリカ地域に進出し、現在のエジプト、シリア、イラクにあたる周辺地域は植民地支配を受けた。これを背景に中東諸国ではヨーロッパ式の教育システムや都市計画、また世俗主義にもとづいた政治体制などが導入され、独立後も基本的には西洋近代的な国家体制を維持している。しかし、アラビア半島中部は植民地政策の版図外で、ヨーロッパの制度・慣習が流入しなかった。このためサウジアラビアは、ガラパゴス国家として独自の誕生・進化を果たしたのである（1-2）。

第一次王国（一七四四～一八一八年）の拡張とワッハーブ主義の越境

一七四四年の政教盟約の後、王国は二度の興亡を繰り返して第三次王国誕生にいたる。この経緯を簡単にまとめたい。

国家建設を試みたイブン・サウードとイブン・アブドルワッハーブは、リヤドを一七三七年から治めていたダッハーム・イブン・ダウワースに自分たちの野望に加わるよう提案した。しかしイブン・ダウワースからすれば、これはサウード家の配下となることを意味するため、彼は国家建設の提案を拒んだ。一七五四年に一度はサウード家に降伏したものの、その後フライミラー、マンフーハ、シャクラーなどの近隣の町を舞台に両者の武力衝突は続いた。この間、一七六五年にイブン・サウードは死没したが、サウード家は一七七三年にイブン・ダウワースとの戦いに勝利し、リヤドを制圧してナジュド地方の覇者となった。

王国はナジュドを越えて東部のアフサー地方、さらに一九世紀には現在のイラクにまで支配地を広げた。これに関して現地で語り草になったとされるのがカルバラー襲撃事件だ。カルバラーは第四代カリフ、アリーの息子であるフサイン（六二六〜六八〇年）が殉教した場所である。同地にある彼の聖廟は、多くのシーア派（アリーと彼の末裔をムハンマドの正統な後継者と見なす人々）が巡礼に訪れる聖地だ。一八〇二年、このカルバラーでサウード家の配下にあった一万二〇〇〇人ともいわれる部族民が破壊、略奪を行い、フサイン廟のドームも壊されたという。

ムハンマドの孫にあたるフサインの廟への襲撃は、ともすればイスラームに対する冒瀆《ぼうとく》にも思われる。しかしここで思い出されるのが、ワッハーブ主義の柱であるビドアの排除だ。メッカやメディナと異なり、フサイン廟もシーア派もムハンマドの時代には認められていない。それゆえに、略奪や破壊の対象ともなった。王国の領土拡大は、ほかならぬワッハーブ主義の宣教であった。

一方、サウード家の勢力がアラビア半島を越えたことは、王国破滅の序曲でもあった。一八〇三年のメッカ制圧の際、カルバラーと同様に聖者廟や墓地の破壊が見られたことに反応を示したのがオスマン帝国である。当時のメッカはオスマン帝国が任命した大守《たいしゅ》が統治しており、帝国は聖地の保護国を自認する立場もあってメッカ奪還をエジプト総督メフメト（ムハンマド）・アリー（一七六九～一八四九年）に命じた。これによってサウード家はメッカから敗走した。そして一八一八年、エジプト軍によってディルイーヤが陥落し、第一次王国の歴史は幕を下ろしたのである。

第二次王国（一八二四～八九年）から第三次王国（一九三二年～）誕生まで

第二次王国は、イブン・サウードの孫にあたるトルキー・イブン・アブドッラー（一七五五～一八三四年）のリヤド奪回によってはじまる。トルキー国王はリヤドに新設したフクム城（カスル・アル・フクム）を行政の中心とし、ナジュド、また一八三〇年までにアラビア半島東部をペルシャ湾にいたるまで制圧した。

しかし、第二次王国は内紛に明け暮れたことで前王国ほどの領土拡張を果たせなかった。いとこのミシュアルの支持者によるトルキー国王の暗殺、トルキー国王の息子ファイサルによるミシュアルの処刑、エジプト軍を後ろ盾としたファイサルの叔父ミシュアルのクーデターとファイサルの追放、ファイサルのクーデターによる王位奪還、ファイサル没後の息子同士の跡目争い——矢継ぎ早に起こった「お家騒動」によって、第二次王国は脆弱化の途をたどった。これに乗じたのがジャバル・シャンマル地方のラシード家である。同家は現在のイラク、クウェート、ヨルダンにまたがるアラビア半島北部を領土とし、サウード家と競合関係にあった。ラシード家は一八八九年にリヤドを制圧して第二次サウジアラビア王国を滅ぼし、サウード家は現在のクウェートで亡命生活を送ることになった。

以上の歴史は、サウード家に重要な教訓を与えた。国家建設にあたっての外交的戦略の重要性である。サウジアラビアは独自に国家建設を進めたが、それはアラビア半島中部という後進地域だったからこそ可能なことであった。領土拡張を果たしたことでオスマン帝国の反撃を受けた際、何の後ろ盾も持っていなかったことはガラパゴス国家の代償だったといえる。

これに対して、第三次王国の誕生時にはクウェートとイギリスという「協力者」が存在した。クウェートに関しては、すでに述べたように第二次王国崩壊後に亡命したサウード家を首長のサバーフ家が庇護していた。イギリスは一八八二年にオスマン帝国の支配下にあったエジプトを占領し、一八九九年にはクウェート一帯を保護領として、オスマン帝国の遠方での支配権を奪っていた。この状況下、一九〇二年に先述のファイサル国王の孫にあたるアブドルアジーズがリヤド奪回に向かう。アブドルアジーズはフクム城の至近にラシード家が建てたマスマク城を夜襲し、同家の総督アジュラーンを討ち取った。そして周辺の支配を確立

1－3　アブドルアジーズ初代国王

した彼は、父でありサウード家の長であるアブドゥラフマーンをクウェートから呼び寄せ、王位継承を宣言した。三たびサウード家の王国がリヤドに興ったのである（1－3）。

その後、オスマン帝国のアラビア半島からの撤退に乗じ、サウジアラビアはイギリスの協力も得つつ半島東部を制圧した。そしてメッカ太守フサイン・イブン・アリーとの雪辱戦に勝利したサウード家は、一九二四年にメッカ、一九二五年にメディナとジッダといったアラビア半島西部の各都市を攻略し、一九三二年に現在の領土を確立した。

第2章　国家を支える宗教界

前章の冒頭、サウジアラビアの宗教指導者による見解に言及した。彼らの見解はしばしば、原理原則に忠実な「正しいイスラーム」と見なされる一方で、原理原則に固執した「排他的なイスラーム」とも捉えられる。真正さと排他性は同じではないが、反対でもない。しかし前者は肯定的なものとして、後者は否定的なものとして理解されやすい。いずれにせよ、イスラームをめぐってサウジアラビアが発信する言説は、これを学べばイスラームを会得したと少なからぬ数の人々が信じるほどに、無視できない権威をもつことは確かである。このことを念頭に、本章ではサウジアラビアのイスラーム言説の担い手たる宗教界について説明したい。

1　シャイフ家――宗教権威の世代交代

時計の針を一七四四年に戻そう。イブン・サウードとイブン・アブドルワッハーブが交わした政教盟約では、国家建設にあたって政教それぞれの権威をイブン・サウードとイブン・アブドルワッハーブの一族とすることが取り決められた。前者はいうまでもなくサウード家であり、今日にいたるまでサウジアラビアの統治王族として君臨している。一方、後者はシャイフ家と呼ばれ、やはりイスラーム指導者の名家として社会的影響力を持ち続けた。

「シャイフ」とは家長、長老、賢人、知識人などに用いられる尊称の一つであり、日本語では「シェイク」「シーク」といったカタカナ表記も見られる。たんに権力や教養を持った人というより、イスラームについての知識と人徳で人々を正しい信仰に導くことができる「師」という意味合いも強い。オスマン帝国下では最高ムフティーが「シャイフ・アル・イスラーム」（イスラームの長。オスマン語ではシェイヒュル・イスラーム）と呼ばれ、彼の見解はスルタン（君主）を廃位に追い込むほどの影響力を持ちえた。現在でも、先述したアズハル総長がシャイフ・アル・アズハルと呼ばれるなど、宗教権威に対する尊称と（時に、政権におもねる御用学者や、庵《いおり》を結んで暮らす隠遁者《いんとんしゃ》に対する蔑称としても）認識されている。

サウード家がイスラーム世界の後進地域に現れた新興の勢力であるなら、シャイフ家も同様だ。サウジアラビアの建国が後進地域であるがゆえに可能であったとすれば、ワッハーブ主義の拡大もまた、後進地域であるがゆえに実現したと考えるべきであろう。実際、これらがアラビア半島中部を越えて「先進地域」に及んだことが最初の王国の壊滅のきっかけになった経緯は前章で述べた。では、シャイフ家がサウジアラビアの宗教界の担い手となるまでにはどのような宗教権威が存在したのか。

ヒジャーズ地方のシャリーフ

ここで取り上げるのは、ヒジャーズ地方で「シャリーフ」と呼ばれてきた預言者ムハンマドの末裔、具体的にはムハンマドの娘婿アリーの息子であるハサンの子孫だ。正統カリフの時代以降、同地は必ずしもイスラーム世界の政治の中心地ではなかった。しかし当然ながらメッカは巡礼地としての重要性を保ち、歴代の支配王朝は聖地の管理と巡礼者の保護を任とすることを、イスラーム国家としての正当性の証としてきた。またメッカの西方七〇キロほどに位置するジッダは、正統カリフの時代からメッカの外港としての役目を果たし、巡礼者の玄関口や物流の中継地として発展した。こうした背景から、サウジアラビア誕生以前のアラビア半島において、ヒジャーズ地方は例外的にイスラーム世界の先進地域と呼ばれうる場所であった。

一三世紀以降、メッカを大守として統治してきたのがシャリーフである。サウジアラビア現代史を専門とするウワイダ・M・ジュハニーによれば、歴代のシャリーフは一五世紀よりナジュド地方の氏族や集団への軍隊遠征を不定期に行っていた。その後、アラビア半島東部を支配し、ナジュド一帯にも影響力を及ぼしていたジャブリー朝が一六世紀に滅び、さらにヒジャーズ地方の宗主権を確立したオスマン帝国が前宗主国であるマムルーク朝よりもシャリーフに権限を認めたため、シャリーフのナジュド遠征の機会は増えたとされる。

この間、一五〜一八世紀半ばのナジュド地方では遊牧民の移動や半定住化をつうじて著しく人口が増加し、先住民と移住民、またシャリーフ遠征軍の間で資源をめぐる争いが続いていた。しかしシャリーフの遠征は農産物や税金を住民から集めてメッカに戻るのを常とし、ナジュドの統治には関与しなかったという。このためジュハニーは、ナジュドにとってシャリーフは政治・社会状況の混乱の一角を担いこそすれ、肯定的な影響をもたらす存在ではなかったと評する。

一八世紀後半にサウジアラビアが興ると、シャリーフのナジュド遠征は影を潜めた。メッカ一帯には新興のワッハーブ主義勢力への警戒があったようだが、シャリーフはイブン・アブドルワッハーブとサウード家に書簡を出し、ワッハーブ主義についてメッカの有力者に説明するよう求め、協議の場を設けようとした。しかしサウード家はナジュドの住民にメッカ巡礼を中止させるなど、双方の協議は実現しなかった。その後、何度かの戦争をへて一八〇八年にサウード家はヒジャーズ地方を制圧したが、五年後にはエジプト軍によって撤退を余儀なくされる。

ワッハーブ主義とシャリーフ

次にサウード家がメッカを制圧したのは一九二四年である。当時の大守フサイン・イブン・アリーの追放以降、同地はサウジアラビアの領土となった。

ここで、ワッハーブ主義のシャリーフ観を確認しよう。イブン・アブドルワッハーブの基本的な立場は、預言者ムハンマドの末裔というシャリーフの特別な血統を認めることにやぶさかでない。しかし、彼らが権威づけられる事態、つまり人々が彼らをどう扱うかという点には慎重であった。彼はシャリーフの存在について、神がさまざまな権利を与えるよう定めたことを認めつつ、彼らが神性を備えているとの主張は明確に否定した。この考えにもとづき、シャリーフを預言者の血縁に好意を持つムスリムが厚遇してしまう存在、つまり反イスラーム的な慣習を形成する社会階級の一つとも位置づけていた。

こうした見方は後代の指導者にも引き継がれていく。たとえばイブン・アブドルワッハーブの息子アブドッラーは、「イスラームでは被造物は平等であるため、誰かが優遇されるのは彼の神に対する畏れでもってである」とし、イブン・サウードの息子で第一次王国の第二代国王となったアブドルアジーズも、「クルアーンとスンナに倣《なら》うこと以外、シャリーフに特別な教えがあるわけではない」との見解を述べた。いずれも、シャリーフが先天的な要素によって特別視され、社会で権威化する事態を牽制する考えだ。

フサイン・イブン・アリーが追放された後は、長男のアリー・イブン・フサインが名目上の統治者としてメッカ大守の地位にあった。しかし、一九二五年には家族とともにイラクに移っている。これによって、シャリーフという旧世代の宗教権威はアラビア半島から一掃され、シャイフ家という新たな宗教権威が台頭したのである。

脱ガラパゴス化の萌芽

建国当初、シャイフ家はイスラーム学者の育成に携わった。宗教指導者層にはシャイフ家以外のウラマー（イスラーム学者）もいたが、彼らの多くはイブン・アブドルワッハーブやほかのシャイフ家の人々のもとで学んだという。この後、彼らはリヤドで行政・司法・風紀取り締まりに携わったほか、地方都市に監督官として派遣されるなど、やはりワッハーブ主義を社会に浸透させることに貢献した。

シャイフ家が宗教事案や宗教教育を引き受けるあり方は、第二次王国と第三次王国にも引き継がれる。しかし、第三次王国が一九三二年に現在の領土を確定させて間もなく、国内では大きな転機が訪れた。サウジアラビアの脱ガラパゴス化の始まりである。

すでに述べたように同国がワッハーブ主義にもとづいた独自の国家建設と社会形成を果たすことができた背景には、拠点であるナジュドが文明的にも戦略的にも重要性を持っていなかった点がある。しかし、二〇世紀半ば以降に地域の政治・経済的な中軸国になったことで、サウジアラビアの国際的な位置づけも変わっていく。この決定的な転機が一九三三年にはじまったアメリカとの関係、そしてこれによって実現した一九三八年のアラビア半島東部での石油発見である。対米関係と石油については第3章と第4章で述べるため、ここでは石油発

2－1　紅海沿いにあるサウジアラビア第二の都市ジッダ　旧市街には古い建築も多く見られる（筆者撮影）

見以降、海外から多くの出稼ぎ労働者が訪れたこと、そして経済発展に伴って国内が大学設立のラッシュ期を迎えたことにひとまず触れておこう。

出稼ぎ労働者と留学生、いずれもこれまで国内では目立たなかった人々だ。イスラーム世界の辺境に位置し、それゆえ人の往来も多くなかったサウジアラビアが、国外から多くの人が集まる先進地域としての第一歩を踏み出したのである。それは同時に、社会の慣習や景観にも影響を及ぼしていく。通常、多くの外国人が訪れ、生活を営むようになれば社会はコスモポリタン化する（2－1）。そして、これを社会の風紀が乱れるとして、良しとしない議論が起こることも常である。その過程でゼノフォビア（外国人嫌い）の議論が先鋭化し、ヘイト・クライム（憎悪犯罪）などが生じるのは、歴史を紐解くまでもなく明らかだ。

宗教エスタブリッシュメントの確立

サウジアラビアの場合、まずなによりも「正しいイスラーム」にもとづいた社会形成への影響を警戒した。政府は、国家発展の代償とはいえ社会のイスラーム的風紀が乱れる事態を危惧し、シャイフ家を中心とした公式な宗教界の設立を進めた。

この取り組みがひとまず完成したのは一九五二年である。政府は宗教的観点から政策諮問を行うウラマー機関として、ファトワー発布・宗務監督委員会を設立した。ファトワーとはウラマーがイスラーム法学によって導き出した見解を指す。ファトワー自体が法的拘束力を持つことはないものの、政策や人々の間で「正しいイスラーム」的回答として採用され、司法や社会通念に実質的な影響力を持つ場合も少なくない。

見方を変えれば、仮にあらゆる立場の人々がそれぞれファトワーを示し、これらが異なる内容であれば、人々はどれが「正しいイスラーム」なのかがわからなくなる。このため最高ムフティーのように、見解の調整を図り、ファトワーを出すことを官職の権能とする取り組みが存在した。サウジアラビアが取り組んだのは、ファトワーの発布権限を職能集団としてのウラマーに限定し、「正しいイスラーム」を国内で統一する制度を確立することであった。

この動きを牽引したのが、シャイフ家のムハンマド・イブン・イブラーヒーム（一八九三～一九六九年）だ。彼は一九五二年、新設のファトワー発布・宗務監督委員会の委員長だけでなく、最高ムフティーにも任命された。シャイフ家という出自だけでなく、公的な肩書きの面でも国家の宗教権威としての地位を確立したのである。ほかにも彼は、一九六一年に設立されたメディナ・イスラーム大学の初代学長や、一九六二年に設立されたムスリム世界連盟の初代委員長など、政府が新設した学術機関や宣教機関の代表を務め、その名声を国内外に知らしめた。

加えて彼は、母親がシャイフ家の出身であり、サウード家の有力者、ファイサル皇太子（一九〇六～七五年）といとこの関係にあった。サウード家とシャイフ家は第一次王国の当初から外戚政策、すなわち両家の婚姻を進めており、そもそも始祖であるイブン・アブドルワッハーブも娘の一人をサウード家の始祖イブン・サウードのもとに嫁がせている。両家にとってこうした外戚政策は、自らの政治・社会的立場を確立するうえで重要な意味を持ちえたと考えられる。

イブン・イブラーヒームはこの立場をとおして、宗教界が政府の政策案を退ける拒否権を制度的に取得することや、自身に近しいファイサル皇太子への王位禅譲を国王に要求したといわれる。こうしたエピソードからわかるように、イブン・イブラーヒームの時代にシャイフ家の権威は絶頂期を迎えていた。

2　職業権威としてのウラマー――宗教界の官僚組織化

イスラームの知の担い手を指す呼称はさまざまだが、通史的におそらく最も一般的といえるのは、本書でもたびたび用いてきたアラビア語のウラマーであろう。ただし、誰がウラマーかの基準は曖昧である。伝統イスラーム諸学を修め、これを教授するための免状を所有していることなどがしばしば挙げられるものの、絶対的な基準ではない。また優れた学識を見込まれてさまざまな宗教職、教育職、行政職に就いていた彼らにとって、ウラマーは単一の属性ではなく、むしろ客観的に説明しがたい彼らの学問的資質を示唆する敬称以上のものではなかったともいえよう。

宗教知の担い手を決定する理論が不在ななかで、サウジアラビアでシャイフ家が宗教権威としての地位を確固たるものとしてきたのは、ほかでもない彼らが建国神話の登場人物の末裔だからである。ただし、このあり方は一九六九年のイブン・イブラーヒームの死没後に大きく変わることになった。

宗教界の再編

一九六四年に即位したファイサル国王は、イブン・イブラーヒームのいとことして、彼の権威にもあずかる形で体制の支持を固めた。一方で同国王は、テレビ放送や女子教育の導入を進めたことでサウジアラビアの近代化に取り組んだ人物として知られている。この一環で彼は宗教界の再編にも着手した。

宗教界の再編を象徴したのは、一九七一年の最高ウラマー委員会と科学研究・ファトワー発布常任理事会という二つの宗教機関の設立である。国内には一九五二年以来、ファトワー発布・宗務監督委員会が存在したが、ファイサル国王はこれに取って代わる二つの機関を新設した。この内、今日にいたるまで国家最高位の宗教機関と位置づけられるのが最高ウラマー委員会である。

最高ウラマー委員会は国王によって任命された二〇名前後のウラマーによって構成され、あらゆる宗教事案を対象としたファトワーを国王と協議したうえで発布する権限を持った、唯一の公的機関である。一方の科学研究・ファトワー発布常任理事会は、最高ウラマー委員会の活動の事務的なサポートや、ファトワー発布のための調査補助を主な職掌とする。

これによって、宗教界の中枢は従来の科学研究・ファトワー発布常任理事会から新設の最高ウラマー委員会へと移った。これだけならたんなる組織の再編に過ぎないが、重要なのは最高ウラマー委員会の設立時、メンバー一七人のうちシャイフ家出身者が一人だけだったことである。シャイフ家唯一のメンバーはイブン・イブラーヒームの息子であり、新設の機関にも彼の威光が引き継がれた形となったが、シャイフ家の人数自体はその後のメンバー交代においても多くて二人にとどまった。さらにもう一つ重要なことが、最高ムフティー職の廃止である。最高ムフティーは宗教界の個人としての最高位であり、第一次王国以来シャイフ家が歴任してきた。同職の廃止もまた、宗教界をシャイフ家という建国神話の担い手から、ウラマーの肩書きを付与された職能集団を中心とするものへと変質させた。

宗教界の近代

宗教界の中枢でシャイフ家の占める範囲が縮小したことで、ファイサル国王の治世はしばしばシャイフ家衰退の時代といわれる。そもそも同国王が先述した国営テレビ放送や女子教育の導入などをとおして開明的なイメージで知られていることを踏まえ、この再編は宗教界に訪れた大きな近代化の波と捉えられることが多い。ただし、シャイフ家出身の母親を持つファイサル国王を、過度にシャイフ家や彼らが築き上げた伝統と対立する人物と思い描くのは早計である。宗教界再編にあたっての国王のそもそもの意図は、サウジアラビアが中東・アラブ世界の中軸としての地位を築きはじめる過程で、国家を現代世界に適応させようとする、いわば脱ガラパゴス化の一環であり、彼が目指したのは政府と宗教界とのさらなる連携強化であった。

もっともこうした取り組みの背景には、ファイサル国王、あるいはサウード家全体に暗い影を落とした一つの出来事があった。一九六五年に、リヤドとジッダで国内初となる国営テレビ放送局が開始したが、この際に起こった保守的なウラマーとの対立が一部の人々による抗議デモにつながった。そしてこの騒動によってファイサル国王の甥であり、初代国王の孫であるハーリド・イブン・ムサーイド王子が銃弾を浴びて命を落としている。テレビ放送局をめぐる対立は最終的に国王側とウラマー側とのひとまずの和解によって収束したが、近代化を進めるうえで宗教界の理解を得ることの必要性を政府が認識するにはじゅうぶんな出来事だったといえるだろう。

この時期以降、宗教界は国王や政府の諮問機関というより、基本的には政策にもとづいて実務を遂行する官僚組織としてのあり方を確立した。たとえばサウジアラビアには、同国ならではといえる巡礼省（メッカ巡礼者の受け入れ業務を担当）や二聖モスク庁（メッカの聖モスクとメディナの預言者モスクの管理を担当）といった行政機関が存在する。

より広範な宗教業務を担当するのはイスラーム事項・寄進財・宣教・善導省だ。同省は巡礼省から寄進財部門、科学研究・ファトワー発布常任理事会から宣教部門、後述する勧善懲悪委員会から善導部門を独立させ、これらを統合して一九九三年に設立された。名称から推察できるように、同省が管轄するのは寄進財の管理や宣教活動を含む、ファトワーや聖地管理を除いたあらゆる業務である。最も重要な任務は国内のモスクの管理であり、施設の修繕、礼拝指導者（イマーム）の任免、日中の断食が課される断食月の日没時にモスクの中庭などで振る舞われる食事（イフタール）の手配を行っている（2-2）。また教育省と連携して行うイスラーム教育のカリキュラム策定や教科書・出版物の検閲、クルアーンの印刷など、イ

2－2　**イフタールが振る舞われる様子**　ラマダーン月の夕刻、モスク付近の空き地で（筆者撮影）

スラームにもとづいた社会形成というワッハーブ主義の普及に貢献している。

ただしこれらの業務に携わる人々が、たとえ大臣であってもサウジアラビアで宗教権威と見なされることはない。宗務をつかさどってはいても、彼らはあくまで限定的な職掌に沿った実務家であり、最高ウラマー委員会のように公式な見解をファトワーとして発布する立場にはないのである。社会の主流となる「正しいイスラーム」的言説を形成する権限を、国王が任命した、政府に協力的なウラマーに占有させること。これこそが政府が目指した宗教界の近代化の核であった。

最高ムフティーの復活

イブン・イブラーヒームが死没した一九六九年以降に空席となり、その後ファイサル国王によって廃止された最高ムフティー職は、一九九三年に再び設立された。ただし、これは宗教界がシャイフ家という伝統的な権威を中心としたものに戻ったことを意味するわけではない。最高ムフティーに任命されたアブドルアジーズ・イブン・バーズ（一九一〇～九九年）は、シャイフ家のウラマーのもとで学んだが、同家の出身ではなかった。

一九一〇年にリヤドに生まれたイブン・バーズは、成人する頃までに完全に視力を失うという苦労を負った。しかし高名なウラマーのもとで学業を修めた後、一九三八年から一九五一年まで地方都市でイスラーム法裁定官を務め、一九七〇年にはイブン・イブラーヒームの後任としてメディナ・イスラーム大学の学長に任命されるなど、法曹界・教育界において輝かしい経歴を積み上げてきた。

一九七一年に最高ウラマー委員会が設立された際、彼はこの委員に名を連ねており、以降は宗教界の中枢で宗教指導者としての立場を築いた。そして一九七五年、メディナ・イスラーム大学学長を辞して最高ウラマー委員会と科学研究・ファトワー発布常任理事会の両方の長に任命され、以降は国内最高位の宗教権威としての立場にあった。

こう考えれば、少なくともイブン・バーズ個人の政治・社会的立場にとって、一九九三年の最高ムフティー職の任命は特段大きな意味を持たない。したがってここで重要なのは、なぜ政府が宗教界の顔役を改めて据え、国家としての公式な立場を内外に表明するメカニズムを設けたのかという点だ。

宗教権威の役割

最高ムフティー職が再設された一九九〇年代は、サウジアラビアの宗教界にとって大きな節目といえる。詳細は第五章に譲るが、一九九〇〜九一年に起こった湾岸戦争は、サウジアラビアがイスラーム世界の盟主と米国の軍事同盟国という二つの立場をどう両立するのかが問われる出来事であった。またこれをきっかけに起こった「サフワ」と呼ばれる知識人グループによる政治改革要求と、その後の過激主義勢力の台頭は、イスラーム世界の盟主という同国が突きつけられた一種の挑戦であった。

こうした事情から、政府は国家の揺れ動きに対して宗教界の役割の強化をもって支える必要があった。具体的には、国家の姿勢や政策がイスラームに反したものではないと保証し、「正しいイスラーム」言説を発信して、在野の宗教勢力の台頭や伸長を封じ込めることが宗教界には求められた。このため、威光を備えた宗教指導者として最高ムフティーが再登場したわけである。もとよりイブン・バーズは国家の安定にかかわる事案に積極的に意見し、これを優先する姿勢を徹底していた。したがって、政府から見てスポークスパーソンとしては適任といえる人物だった。

こうした宗教権威の役割は今日にいたるまで続いている。たとえば政府が何か大きな決定について発表した際、最高ムフティーがこれを「イスラームに照らし合わせて正しいこと」だと補足説明するのは定番であり、両者の見解に齟齬《そご》が生じる可能性はほとんどない。

もっとも、外交については暗黙裡に最高ムフティー、またウラマーの職掌外とされてきた。最高ムフティーが外交分野に言及する機会は限られており、そもそも外国要人との面会も原則としてイスラーム諸国の宗教職関係者に限っている。この点は、政治と宗教の最低限の役割分担、あるいは最高ムフティーの対外的な影響力が過度に強まることを防ぐための、政府による措置とも考えられよう。

3 人々を取り締まる宗教警察——聖なる規範の番人か

最後に、宗教界のなかでも特殊な役割を与えられた機関を取り上げよう。ワッハーブ主義にもとづいた「正しいイスラーム」社会の風紀を守るべく、人々の言動を取り締まってきた勧善懲悪委員会、いわゆる宗教警察である。

勧善懲悪委員会は宗教言説を形成するような権限は持っておらず、政府要人やほかの政府機関との交流についても多くは報じられない、宗教界のなかでは地味な存在だ。一方、市民に対しては、市中でのパトロールをとおして、最高ウラマー委員会やイスラーム事項・寄進財・宣教・善導省といった機関、あるいは最高ムフティーといった宗教権威よりも直接に、強い存在感を放ってきた。そして外国人、とりわけ西洋諸国の目には、宗教の規範によって公共の場で人々の自由を制限する、異質な存在と映る。

もちろん、こうした見方は政治と宗教の分離や公共領域からの宗教の排除を是とする西洋近代的な価値観、また宗教は私事化し、選択や交換が可能なものとなったと捉える世俗化以降の認識にもとづいたものにほかならない。しかし、仮にこうしたバイアスを取り除いてみても、宗教にもとづいて人々の言動を取り締まるといった制度が正当化されうるわけではない。宗教警察の存在を正当化できるのは、やはりその宗教にもとづいた価値観以外にはありえないのではないか。

勧善懲悪の実現

サウジアラビアでイスラームにもとづいた風紀取り締まりが行われる理由が、ワッハーブ主義の目指す社会形成に由来することは改めて述べるまでもないだろう。この思想的な根拠となるのは、聖典クルアーンが命じる「勧善懲悪」の教えである。

（人々を）「善に誘い、良識を命じ、悪行を禁じる一団《ウンマ》がおまえたちの中にあるようにせよ」（第三章一〇四節）

クルアーンには、このように善を勧めて悪を懲らせという言葉がしばしば登場する。具体的には、礼拝や断食といった宗教的義務を怠る人がいればこれを行わせ、婚外交渉や飲酒といった宗教的禁忌を犯す人がいればこれを止めさせるといった具合だ。

かつて北アフリカや西アジアの諸都市では、風紀取り締まりがヒスバ、風紀取り締まりを行う官吏がムフタスィブと呼ばれてきた。ムフタスィブが使用していたヒスバの手引書には、飲酒や賭博にかかわる個々人の行動に加え、商取引、スーク（市場）、公衆浴場（ハンマーム）といった、経済活動や公共施設に関する規定も書かれていた。人々の生活を律するとともに、生活空間の形成にもムフタスィブは関与していたということになる。このことを考慮すれば、彼らの本来の役割は、われわれの考える宗教に特化した取り締まりよりも幅広いものだ。

こうした風紀取り締まりが公的な機関の役割となることは、現代の感覚では当然のように思える。しかし、ここではイスラーム特有の理解も補足しておこう。神の命令である以上、勧善懲悪はすべての信徒個々人が果たすべき義務となる。信徒は、自らが規範を守るのはもちろんのこと、隣人が宗教の規範を守っていなければこれを改めるよう促さなければならない。ただしこの場合、二つの力が必要となる。他人のある行為が本当にイスラームに反するものかどうかを判断する力、そして他人にそれを止めさせる力、すなわち知識と権力である。勧善懲悪がすべての信徒の義務である一方、これらの能力に個人差があることも事実だ。この点について、中世のイスラーム法学者イブン・タイミーヤ（一二六三〜一三二八年）は、勧善懲悪を個別義務であると同時に連帯義務と捉えた。そのうえで、「すべての人間にはその能力に応じて義務がある」のだから、「他の者より能力が高い」権力者が必然的に負う義務だと説明した（イブン・タイミーヤ 二〇一七）。

ヒスバの再興

ヒスバの制度は、イスラーム社会が近代国家として再編されたことに伴い、大部分の役割が世俗機関に吸収された。警察が法律にのっとって、合法か違法かを基準に「犯罪」を取り締まり、同様に役所が都市景観の整備に努める様は、現代日本の我々が慣れ親しんだ社会のあり方そのままである。

この点、サウジアラビアの勧善懲悪委員会が目指したのは、現代におけるヒスバ制度の再興といっていいだろう。今日、サウジアラビアの最高法規である統治基本法（一九九一年三月公布）では、次のとおり勧善懲悪について明記されている。

第五章　諸権利と諸義務

第二三条

国家はイスラームの教えを守り、イスラーム法を履行し、善を命じて悪を禁じ、イスラームを広めることについての義務を遂行する。

イスラームが定める善を命じ、悪を禁じる。これは一七四四年のイブン・アブドルワッハーブとイブン・サウードの盟約で確認されたワッハーブ主義の指針の一つであり、今日にいたるまで国家の社会秩序の原則と理解されていることがわかる。すなわち勧善懲悪委員会は、サウジアラビア社会が維持すべき聖なる規範の番人と位置づけられるわけだ。

委員会の原型は、第三次王国の時代、一九一七年にリヤドでウラマー六名が設立した有志団体である。その後、一九二四年にサウード家がメッカを支配した後、同地に公的機関として設立された。一九二八年に制定された内規によれば、勧善懲悪委員会は礼拝の督促、疑わしい場所の捜査、宗教規範や品性にもとる言動の防止を中心的な活動とした。従わない人には鞭打《むちう》ちと拘留を科すことができ、必要であれば兵士の動員も認められていた。

一九五二年になると、勧善懲悪委員会の本部はリヤドに移り、王宮府直属の庁機関に格上げされた。この時点で、兵士の動員を含めた治安維持に関する活動は内規に見当たらず、主な役割が一般市民の監視・指導に限定されている。これは、領土内におけるワッハーブ主義の浸透が一応の完成を見たことをうかがわせる。しかし、同時にこの時期は先述したサウジアラビアの脱ガラパゴス化がはじまったタイミングでもある。これによって、委員会の役割や存在意義もさまざまな影響を受けることになった。

属地法としてのイスラーム法

勧善懲悪委員会の取り締まりはワッハーブ主義の遵守、すなわちイスラーム社会としての秩序と純真さを守るという明確な目標を持っている。これにのっとって、礼拝や断食などの義務行為、酒類・ポルノ・賭博といった禁止事項、肌の露出やセクシャル・ハラスメントといった性秩序に関するもの、また占いやクリスマスといったイスラームを起源としない、あまつさえ異教徒の習慣とされるものは取り締まり対象となってきた（2-3）。

ムスリムでない外国人への取り締まりは、一九八〇年代前後に頻発した、家宅捜索や暴力を伴う取り締まりをつうじて広く知られるところとなる。背景には複数の要因があるが、ここでは *Arab News*（一九七五年創刊）と *Saudi Gazette*（同一九七八年）という日刊紙の誕生を挙げておこう。これらの英字新聞は在留外国人向けに国内のニュースを伝えるもので、そのなかには治安情報も含まれる。

2－3　勧善懲悪委員会による密造酒摘発の現場　（出典：勧善懲悪委員会の公式ツイッター）

これによって、国内に住むすべての人々を対象とした風紀取り締まりは広く外国人の目に留まることとなり、彼らの目に勧善懲悪委員会は次第に恐怖の対象として映るようになった。サウジアラビア国民やムスリムだけが住んでいるわけではないサウジアラビアで、勧善懲悪委員会の活動は社会秩序を守るための正しい行為ではなく、人々を悩ませる不当な暴力だとする見方が着実に強まっていった。

移りゆく社会の風紀

風紀、すなわち「日常生活のうえで守るべき道徳上の規律」（『大辞林』三省堂）は必ずしも不変なものではない。日常生活のあり方が変われば「守るべき」規律もまた変わる。このことは、イスラームという、風紀形成の明確な基盤をもつサウジアラビアも例外ではない。

二〇〇二年にメッカで起こった女子校での火災事故は、そのための大きな転機の一つと位置づけられる。火災発生時、校内で髪や肌を出している女子生徒が男性の目に触れるのを防ぐため、彼女らの避難や消防隊員の救出活動を勧善懲悪委員会が制止して死傷者が出た。この事故は世間に委員会の取り締まりの過剰さを印象づけ、さらにサウジアラビアが宗教を重んじるあまり、女性の人命や権利を軽視する国とのネガティブなイメージを国際社会に与えた。

以降、政府は国民の不満や恐怖を和らげ、さらに海外でのイメージ改善を図ろうと、勧善懲悪委員会の市中でのパトロールを制限する方向に舵《かじ》を切った。若年層人口が増えるなかで、政府は新たな産業として娯楽や観光の促進を図り、人々の生活も多様化しはじめた。厳格に規範を守ることよりも、異なる文化や慣習を許容することが「正しいイスラーム」なのだという理解も徐々に浸透した。そして女性の社会進出が課題となるなか、女性が男性と同様に就労することは必要だし当然といったムードも醸成されはじめた。

この結果、勧善懲悪委員会の存在意義は次第に薄れ、むしろ社会の発展を妨げるという否定的な見方が優勢となった。委員会の側も政府機関として、こうした評価をある程度は意識した措置を講じた。

とりわけ決定的なのは、二〇一六年の捜査・逮捕権の剝奪であろう。これによって勧善懲悪委員会は、活動の中心であった風紀取り締まりが、事実上不可能になった。二〇一六年二月時点で、勧善懲悪委員会が検挙した事件の九六%は被疑者への指導・助言・保護・更生で処理されたとの報告がある。これは、従来のような襲撃や拘束といった暴力行為が行われていないことをアピールするものであろう。今や、国内のショッピングモールや公道で委員会がパトロールをする姿はほとんど見られず、彼らは市民にとって不可視な存在へと変わっていった。

第3章　王室と権力

本章では、王政というサウジアラビアの特徴に注目する。王室というと、日本でまず思い浮ぶのは皇室で、両者はついつい比較されるが、二つの点で大きく異なる。一つは規模だ。二〇二一年五月時点で、日本の皇室は一八人の皇族から構成される。一方のサウジアラビアには数千、多いときは数万人ともいわれる王族が存在し、一つの王室（ロイヤル・ファミリー）と呼ぶにはあまりに範囲が広い。

もう一つの違いは社会での役割である。日本の皇族は、皇室以外でも人道、医療、スポーツ、文化・芸術、環境、学術・教育、また外国との親善友好団体などのさまざまな団体で名誉職に就いていることが多い。しかし周知のように、政治的役割を持つことはない。逆にサウジアラビアの王族は政府閣僚から州知事まで、政治にかかわる役職に幅広く配される。こうした違いを念頭に置きつつ、本章では、王族を中心としたサウジアラビアの権力構造を解き明かしたい。

1　王室内のヒエラルキー——統治構造におけるサウード家

一七四四年のサウジアラビア誕生以来、サウード家は国家を統治する立場にあった。周辺にも同様の王政諸国が存在するため、統治王族の存在自体は珍しくはない。しかしサウジアラビアの場合、シャイフ家という宗教の名家が正統性を与えることで王政が維持されてきた点は特徴的といえる。

前章で見てきたように、このことは王族の規模と無関係ではない。サウード家は自らの権威を強化するためにシャイフ家と婚姻を重ね、さらにはアラビア半島征服の過程で、各地の有力部族の顔役とも婚姻を進めることを支配の方法とした。こうして多くの親族を誕生させることで、一族による統治の基盤を築いてきたのである。

王族のなかのエリート

ここで改めて、サウード家についておさらいしておこう。サウード家とは、第一次王国のムハンマド・イブン・サウード初代国王の子孫を指し、彼らの名前の最後にはアール・サウード（サウード家）という敬称がついている。サウード家に属する人の数は非公開ながら、二〇〇一年の研究ではおおよそ四五〇〇人と報告されている（S. Stenslie, *Regime Stability in Saudi Arabia*）。このなかには要職に就いていない、いうなれば「フリー」の王子・王女が大勢いるものの、要職は王族が占めるのが慣例となっている。つまり、王族のなかにも権力の中枢にいる人とそうでない人がいるわけだ。

当然のことながら、この頂点に立つのが国王である。国王とはどういう存在だろうか。サウジアラビアの最高法規（後述するように形式的なもの）として、全九章八三条からなる統治基本法がある。第二章「統治規則」（第五～八条）では、次のとおり国王のあり方を定めている。

第五条

サウジアラビア王国の政治体制は君主制（monarchy）である。国家を統治するのはアブドルアジーズ・イブン・アブドッラフマーン・ファイサル・アール・サウード初代国王の息子たち、および彼らの子孫である。このなかで最もふさわしい者が、至高なる神の聖典と彼の使徒の慣行に沿って、忠誠を捧げられる（※国王となる）。

このように、国王は第三次王国のアブドルアジーズ初代国王の子孫であることが明記されている。彼らはいわゆる直系王族（His Royal Highness）として、傍系王族（His Highness）とは権力構造のなかで明確に区別されている。

直系王族のなかでもっとに知られるのがスダイリー家だ。同家はナジュド地方の有力部族であり、二〇人以上といわれるアブドルアジーズ国王の妻の八人目であったハッサ王女の生家である。ハッサ王女はとくに国王の寵愛《ちょうあい》を受けた妻として伝えられ、彼女が生んだ七人の男児は「スダイリー・セブン」としばしば呼ばれ、注目を集めてきた。

スダイリー・セブンとは具体的に、ファハド第五代国王（一九二一～二〇〇五年、在位一九八二～二〇〇五年）、スルターン元皇太子（一九二五～二〇一一年、在任二〇〇五～一一年）、アブドゥラフマーン元国防副大臣（一九三一〜二〇一七年）、ナーイフ元皇太子（一九三四〜二〇一二年、在任二〇一一〜一二年）、トルキー元国防副大臣（一九三四〜二〇一六年）、サルマーン現国王（一九三五年〜、在位二〇一五年〜）、アフマド元内務大臣（一九四二年〜）である。国王に即位したのはファハド第五代国王とサルマーン現国王のみだが、いずれも国防・治安畑で要職に就き、王位継承ライン（皇太子・副皇太子）に加わった人物も現国王以外に二人いる。とりわけナーイフ元皇太子は、一九七五年から死没するまで内務大臣を務め、二〇〇〇年代は国内で武装組織アル・カーイダの掃討に尽力するなど、国家への忠誠心や実務能力の面で知られた人物である。

国王の権限

スダイリー・セブンの後継者として最初に頭角を現したのは、ナーイフ元皇太子の息子であるムハンマド・イブン・ナーイフ王子である。彼は二〇一二年に内務大臣に任命され、父同様に治安分野の長に上り詰めた。そして二〇一五年一月、サルマーン現国王の治世開始に伴い、直系王族の第三世代（アブドルアジーズ初代国王の孫）として初めて王位継承ライン（副皇太子）に任命された。さらに同年四月には皇太子に任命されたが、二〇一七年六月に皇太子を含めたすべての任を解かれた。代わって皇太子に任命されたのは、サルマーン国王の息子ムハンマド王子である。第6章で述べるように、ムハンマド皇太子は現在のサウジアラビアの開放政策を体現する、新世代の象徴的存在だ。

このように、国王は人事をとおして王室内の権力構図を変えることが可能である。その具体的な権限については、統治基本法の第五条で皇太子の任免が定められているほか、同法第六章「国家権限」に詳しい。それによれば、国王は司法・行政・立法の三権の決定権（第四四条）、首相を務めること（第五六条）、副首相・閣僚・閣僚級の任免（第五七～五八条）、国軍の指揮監督（第六〇条）、諮問評議会の組織や解散（第六八条）といった権限を有する。

ここだけ見れば、三権の長を務めることを除き、国王の権限は日本の首相と大きく変わらないように映る。しかし、三権が国王に集中している構造は、その権力の巨大さを物語っていよう。また、日本の首相との違いを際立たせるのは、中枢の人事権よりも地方政治のほうかもしれない。全四〇条からなる地方行政法（一九九四年公布）は、国内一三州の権限についてまとめたものである。同法第四条によれば、各州の知事の任免は内務大臣の勧告にもとづき、勅令によって決定される。しかし知事は閣僚級であるため、この人事権は統治基本法の第五八条にもとづいて国王が有する（地方行政法は知事の条件について明記していない）。知事に王族が任命されるのは慣例であり、二〇二一年五月時点で一三州の知事は全員がサウード家である（ナジュラーン州のみ傍系王族で、あとは直系王族）。まさに「血は最良の安全保障」といったように、親族を各地の行政の長に任命して国内の統治を図っているわけだ。

各界のスターたち

ところで、王族の影響力は必ずしも政府要職に就くことでのみ示されるわけではない。むしろ政治以外の領域での活躍をとおして、サウード家の支配が国内に維持されてきたと評価することもできる。

非政治的な王族として名を馳《は》せた人物の筆頭に挙げられるのが、ワリード・イブン・タラール王子であろう。彼の父であるタラール・イブン・アブドルアジーズ王子は、一九五〇〜六〇年代以降に通信大臣、財務・国家経済大臣、駐フランス大使などを務めた。一方、彼は当時のサウード国王やファイサル皇太子と対立し、国王の権限を縮小する立憲君主制への移行を提案した。一九五〇年代末期にはじまったこの動きは「自由王子の運動」と呼ばれ、当然政府から批判を浴びた。

サウード国王といえば、エジプトのナーセル大統領を失脚させようと企み、失敗したことが大きな騒動となった。このことで国内外での評価が揺らいだ国王は、「自由王子の運動」の支持者を取り込んで、高まるファイサル皇太子の影響力を封じ込めようとし、運動の支持者の側もこれに乗じた。しかし結局、ファイサル皇太子が実権を確立したことでサウード国王は亡命し、運動も終息した。

ワリード王子が父の政治思想からどの程度影響を受けたかは定かでない。しかし彼は、父とは異なり政治から距離をとったビジネスパーソンとしての人生を歩んだ。一九七〇～八〇年代にレバノンと米国で学ぶかたわら、石油ブームに乗じて株式や土地への投資によって富を築いた彼の名声は、一九九六年のキングダム・ホールディング・カンパニー（KHC）の設立で国内の誰もが知るところとなった。KHCは不動産、金融、航空、観光・娯楽、SNSといった多くの産業に投資しており、これによってワリード王子はアラブ世界随一の富豪の地位を築いた。最上階にKHCの事務所を擁するリヤドのキングダム・タワー（302メートル）は、二〇〇二年に建設された当時は国内で最も高い建築物であり、ワリード王子が手に入れた栄華を市民にわかりやすい形で示している。

もう一人、政治権力にかかわることなく存在感を示した王族として、サルマーン現国王の次男であるスルターン・イブン・サルマーン王子（一九五六年生）を挙げておこう。血筋についてはスダイリー・セブンの第二世代という申し分ないものだ。しかし彼の名声のなかで最も輝かしいのは、一九八五年に地球外空間に滞在した初めてのアラブ人、またムスリムという、宇宙飛行士としての経歴であろう。必ずしも宇宙の専門家ではない身でありながら、運搬（ペイロード）の研究者として米国やフランスのパイロットとともにスペースシャトルに搭乗した彼の雄姿は、王室に科学技術分野での名声を加えるものとなった（3－1）。

なおアラブ人の宇宙飛行士といえば、スルターン・イブン・サルマーン王子の二年後、一九八七年にシリア人のムハンマド・ファーリス（一九五一年生）が当時のソ連の宇宙飛行士とともに宇宙滞在を果たし、これに続く人物は二〇一九年のアラブ首長国連邦（UAE）のハッザーウ・マンスーリー（一九八三年生）まで待たねばならない。

以上の栄誉に加え、スルターン・イブン・サルマーン王子には空軍大佐という肩書きや、情報省研究員という経歴もある。しかし、宇宙滞在後の彼に国軍や中

3－1　**宇宙飛行士としての訓練を受けていた頃のスルターン・イブン・サルマーン王子**　ヒューストンのジョンソン宇宙センターにて（Arab News より）

央省庁での要職が与えられることはなかった。彼の名前が再び市民に知れ渡ったのは、二〇〇〇年に新設された観光最高委員会（SCT：Supreme Commission for Tourism）の長官に任命されたタイミングである。長官の役割は国内観光地のアピールという、新興産業の促進であり、政治権力の中枢から離れている。一方、第6章で取り上げるように当時、観光は重要な経済政策と位置づけられ、この顔役に名の知れた王族が任命されたことは決して不可解な人事ではない。そしておそらく、スポーツや海外旅行を趣味とすることで知られ、ノンポリなイメージを持つ王子にとって、観光促進は性に合った役割だったのではないか。

数多《あまた》の王族すべてに要職を与えるわけにはいかず、かといって王室内の権力配分に露骨な不均衡が生じれば王室内の競合や対立につながりかねない。政治中枢から離れたキャリア形成は、王室の権威を市民に示すと同時に、国権にかかわらない生き方を王族全体に示す意味もあったと考えられる。

2　王権と宗教——政教依存からの変異

政治に関する王権について確認したところで、改めて政治とイスラームの関係について考えよう。

中東政治学者の末近浩太が述べるように、中東地域のイスラーム諸国の多くは国の最高法規をとおしてイスラームに国教ないし公的宗教の地位を与える点で、宗教国家と呼ぶことができる（『中東政治入門』）。同様のあり方は中東地域以外、たとえばマレーシアやモルディブといったムスリムが多数を占める国々にも見られる。このなかでも、サウジアラビアはイランと並び、宗教の規範を政治、社会、経済などの事案に適用する「実質的な宗教国家」と呼べる点が特徴的である。ただし、このことが直ちに、サウジアラビア＝宗教国家という図式につながるわけではない。なぜだろうか。

サウジアラビアは宗教国家か

この問題を二つの点から見ていきたい。一つは、統治基本法における宗教条項のなかで最も重要といえる、以下の第一条に関するものである。

サウジアラビア王国は主権を有するアラブ・イスラーム国家であり、その宗教はイスラームである。国家の憲法は至高なる神の書（クルアーン）と、神の使徒——彼にアッラーの祝福と平安がありますように——のスンナである。

第一文はイスラームに国教としての地位を与えるという、明確なものである。しかし第二文は少々わかりにくい。というのも、サウジアラビアにおける最上位の実定法（制定法）である統治基本法のなかに「憲法」という単語が登場するからだ。たとえば日本国憲法は同憲法が日本の最高法規であると明言している（第九八条）。これによって、憲法に反するいかなる法律も効力を持たないことが定められた。今日の日本で想定する憲法とは、こうした国家の最上位の法としてのあり方であろう。

ただし、最高法規であるとわざわざ条文のなかで説明されているのは、憲法が直ちに最高法規とはならないということだ。特殊な例といえるが、単一の憲法典を持たないイギリスの場合、国家の性格にかかわるさまざまな法律・慣例の総体を憲法（constitution）と位置づけ、これは日本が考える成分化した単一の憲法（law of constitution）と区別される。

サウジアラビアの統治基本法はというと、日本の場合と異なり、同法を最高法規とは定めていない。他の法律との関係でいえば、外国や国際機関と結んだ条約などに抵触しないように定めているのみである（第八一条）。この点、統治基本法は形式的な最高法規（law of constitution）としての役割を与えられているが、実質的な最高法規（constitution）と位置づけられてはいない。実質的な意味での最高法規に相当するのはあくまでもクルアーンとスンナ、すなわちイスラームの規範というわけだ。

あらゆる法律が不文律のクルアーンとスンナに抵触してはならないとするあり方は、一義的にはサウジアラビアの宗教国家としての特性を反映したものといえよう。他方で、実質的な最高法規を文章とせずに理念上にとどめている状況を、イスラーム政治学者の小杉泰は憲法の拒否、すなわち立憲君主制の否定とも評する（『現代中東とイスラーム政治』）。

もう一つ、サウジアラビア＝宗教国家という定式に留保をつける理由は職掌だ。すでに述べたように、国王は多くの権限を持つものの、政教依存という国家体制のもとで宗教は国王の職掌外となる。実際、「サウジアラビア王国の統治はイスラーム法（シャリーア）に沿った、公正、協議、平等に基づいたものとする」（第八条）をはじめ、統治基本法には国家と宗教についての言及が多く見られるが、国王の宗教への関与を認める条文はない。

しかし、関与を認めない条文もまたないのである。そもそもイブン・サウードとイブン・アブドルワッハーブの政教盟約は不文律であり、国王の権力が宗教に及ばないことを意味するわけでは決してない。小杉も指摘するように、国王とイスラームがいかに整合するかという重要な問題を統治基本法は取り決めておらず、実質的に政治と宗教の関係をどうするかは当代の政治権力に委ねられていることになる。

政教依存体制の崩壊

序章で述べたとおり、もとよりシャリーアと国家の法律の間には根本的な乖離《かいり》がある。したがって、クルアーンとスンナが憲法と同じ機能をはたすことはありえない。またサウジアラビアの体制が政治と宗教の依存関係のうえに成り立つといっても、宗教はあくまでも政策に正当性を与えるもので、体制自体を糾すわけではない。最高ムフティーも閣僚級のポストである以上、任免の権限は国王にあり、政治権威に従属した存在だ。このように、宗教国家という概念は、たとえば政教分離を掲げる非宗教国家と明確に線引きできるものではなく、両者はむしろ濃淡で示されるグラデーションのなかで捉えるのが適切であろう。

国家運営の実権をめぐる政教依存体制からの脱却は、なにも一九九二年の統治基本法公布によってはじまったわけではない。たとえば第2章で述べたように、一九七〇年代の宗教界の再編は政府が宗教界を支配する構造を強める動きであった。この時代以降、宗教界の動向がすぐれて政府の意向を反映したものとなったことに疑いはなく、さらにこれを決定づけたのが、一九九三年に最高ムフティーに任命された先述のイブン・バーズである。

イブン・バーズの基本的な姿勢は、国家の安定にかかわる事案に積極的に関与し、これを最優先するというものであった。彼が宗教界の長として活躍する間、国内外では後述するメッカでの聖モスク占拠事件、湾岸戦争、その後の国内での爆破事件といった、国家の安定に直結する出来事が続いた。これらに対してイブン・バーズは、聖モスクへの治安部隊突入と湾岸戦争における（異教徒の）多国籍軍との連携を是認し、爆破事件に関しては社会の治安を乱す行為として糾弾した。こうした宗教権威の役割は、一九九九年にイブン・バーズが死没し、シャイフ家出身ではあるものの彼よりも宗教学者として「格下」とされるアブドルアジーズ・イブン・アブドッラー（一九四三年〜）が最高ムフティーに就任して以降も引き継がれている（3-2）。

近年、こうした政教依存体制のゆらぎをよく示した例が、二〇一八年に解禁された女性の自動車運転に関する議論である。二〇一六年以降、サウジアラビアでは従来禁止されていた女性の自動車運転やサッカー観戦などが矢継ぎ早に解禁されたほか、映画館の開業やさまざまな娯楽行事が企画されるなど、社会全体に開放ムードが醸成された。従来、女性の自動車

3－2　**リヤドにあるイマーム・トルキー・イブン・アブドッラー・モスクの中庭**　最高ムフティーが毎週の金曜礼拝時に説教を行う（筆者撮影）

運転や娯楽行事については、イブン・バーズ前最高ムフティー、またムハンマド・イブン・サーリフ・ウサイミーン（一九二九〜二〇〇一年）といった二〇世紀後半のワッハーブ主義の碩学《せきがく》、またイブン・バーズの後任者であるイブン・アブドッラー現最高ムフティーなど、宗教界の顔役らが公式に反対の声を上げていた。

しかし、政府が女性の自動車運転解禁に向けた具体的な手続きを発表した二〇一七年九月、最高ウラマー委員会が女性の自動車運転を承認したと唐突に報じられた。事実の場合、当然ながら王宮府や関係省庁と宗教界との間に事前協議があったはずである。しかし、最高ウラマー委員会やイブン・アブドッラー最高ムフティーは、報道内容を否定しなかったものの、肯定するでもなく、断定的な声明を出すことを避け続けた。これは、女性の自動車運転解禁に対して、最高ウラマー委員会の間に意見の統一が見られたわけでは必ずしもないことを示唆する。つまり最高ウラマー委員会としては、政府の決定を支持したというより、結果的に黙認したということだ。

王族と宗教界の一蓮托生

実際のところ、ウラマーの間に意見の相違があること自体は決して珍しくない。二〇一七年五月、娯楽施設・行事に対して容認姿勢を示した説教師をイブン・アブドッラー最高ムフティーが批判したことが報じられた。ただし、こうした宗教界の中枢内部での意見の衝突は、二〇一七年夏以降はほとんど見られなくなった。この理由は明白である。同年六月にサルマーン国王の息子であるムハンマド王子が皇太子に任命され、女性の権利拡充や娯楽産業の推進といった、一連の開放政策の牽引役となったからだ。

ここで、サウジアラビアの政教依存関係を振り返りたい。本書ではここまで、この関係をとおしてサウード家が宗教界から正当性を与えられてきたことを説明した。相互依存という言葉が表すように、サウード家もまた、かつてはシャイフ家、今日はウラマーという宗教権威に正当性を与えてきた。政府と宗教界は、一方が権威を失えばもう一方も権威を失うという一蓮托生《いちれんたくしょう》の関係にある。

この点、反対してきた女性の自動車運転を宗教界が最終的に黙認した理由は、ムハンマド皇太子が次期国王になるのを見越したためと考えられる。皇太子を支持することが現行の体制の安定性を強め、それがひいては宗教界の中枢たるウラマーの権威の維持にもつながるというわけだ。

そもそも今日のサウジアラビアで、官僚組織としての宗教界が体制批判を露骨に行うことはまれであり、相手が王位継承者の筆頭とあればなおさらである。さらにいえば、宗教界が政策を支持するというあり方は市民も十分に認識しているので、開放政策を黙認することによって宗教界の権威が今さら著しく下がることもない。

政府優位という原則にもとづけば、仮に最高ムフティーが開放政策を表立って批判し続けた場合、最高ムフティー職の解任という事態にもなりかねない。最高ムフティー職は前々任のイブン・イブラーヒームも前任のイブン・バーズも死没まで務めており、事実上の終身職となっている。したがって、もしイブン・アブドッラー現最高ムフティーが解任となれば史上初めての措置となり、さまざまな憶測を呼ぶことは間違いない。こうした事情を考慮すれば、イブン・アブドッラー最高ムフティーが開放政策に対してとった沈黙という選択は、政府と宗教界、双方の利益を守るうえで最善なものといえただろう。

3　王室の地域外交――君主制の隣人たち

本章では最後に、王室外交について紹介したい。

日本でも、皇族が外国の要人を接遇または訪問することを「皇室外交」と呼ぶ。しかし皇族は政治としての外交政策に携わらないため、皇室外交は国際親善としての性格が強い。接遇の相手は政治家の場合もあるが、訪問先となるのは非政治的な学術・文化団体、また王族である。この点はイギリスも同様だ。ウィンザー家のエリザベス二世、すなわち現在のイギリス女王は、前身のハノーヴァー朝以来の立憲君主制の原則――君臨すれども統治せず――にもとづいて、政府に直接関与する権限を持たない。

これに対して、サウジアラビアの王室外交は政治としての外交に直結しており、実際に国王は首相を、皇太子は副首相を兼任する。現在、世界に存在する五〇余りの君主国家のなかで、ムスリムが多数を占めるのは中東・北アフリカ地域の一四ヵ国に、東南アジアのブルネイとマレーシアを入れた一六ヵ国、全体の三割ほどだ。ただし君主の数については、イギリス連邦王国(Commonwealth Realm)とイギリスの一六ヵ国を一つにまとめれば三五となり、イスラーム諸国は五割近くを占める。

サウジアラビアと「イスラーム世界」

王室外交について述べる前に、少し寄り道をしたい。本書冒頭で、サウジアラビアを「イスラーム世界の中心」とする見方を紹介した。では、「イスラーム世界」とはそもそもどこを指すのだろうか。この議論は歴史学者の羽田正の研究に詳しく(『イスラーム世界の創造』二〇〇五年)、ここで詳細に述べることはしない。大雑把にいえば、「イスラーム世界」とは論者によって意味するものがバラバラである。信仰共同体を指したり、歴史的にムスリムが多数を占めた、ないし現在ムスリムが多数を占める地域を指したり、またイスラーム的価値観が社会の秩序や道徳の基盤となることが想定される(望まれる)社会の総体を指したりと、その指すところは曖昧である。時代的なものか超時代的なものか、現実に存在する空間なのかメタレベルなのかといった基準がないまま「イスラーム世界」という語が多用される状況を踏まえて、羽田は「理念としてのムスリム共同体」として同語を使用すべきだと提唱する。

本書もまた、判然とした「イスラーム世界」が現実に存在するわけではなく、イスラームにのっとった秩序の実現が目指される空間、いわば絶対的理想の達成を目指す社会を指す場合において、同語は有効性を持つと考えている。

もちろん、「イスラーム世界」が曖昧である以上は「イスラーム世界の盟主」も曖昧な概念だというほかない。しかしサウジアラビアの目線で考えれば、同国が目指す立場としての「イスラーム世界の盟主」は、おそらくもう少し明確なものだ。少なくともそれは、超時代的なものでも、現実には存在しないメタレベルなものでも、また国民国家を単位としたものでもない。さらにいえば――これが実は最も重要なのだが――その範囲はムスリムが多数を占めない社会や、イスラームを国教と定めない国にも及ぶ。すなわち、サウジアラビアが「盟主」であろうとする「イスラーム世界」とは、現実の空間でいえば世界全体というほかない、というのが本書の立場である。

そう考えれば、サウジアラビアが目指す「盟主」とはなにかも明らかになる。それはイスラーム諸国の政治的な統治者ではなく、不確実なイスラームをめぐる、同時代人にとっての確実な源泉だといえる。言い換えれば、何が正しいイスラームのあり方なのか、その答えを万人に与えうる役割を担うことをサウジアラビアは目指してきた。したがって、「イスラーム世界の盟主」という肩書きにとっての「イスラーム世界」とは、ムスリムが多数を占める国家や地域という空間を超えて、知識・教養としてイスラームを知ろうとする日本や欧米諸国をも覆うのである。

「湾岸」の誕生

東南アジアで実践されるイスラーム、サハラ以南アフリカのウラマーの見解よりも、中東のイスラームやウラマーのほうが正しいと言い切れる理屈はない。それでもイスラーム発祥の地であり、聖典クルアーンの言語であるアラビア語を母語とする地域が、イスラーム言説の中心と見なされてきたことは確かであろう。こうした地理的なアドバンテージを背景に、サウジアラビアは「イスラーム世界の盟主」を目指しつつ、周辺諸国とともに「湾岸」という新興地域を確立した（3-3）。

湾岸とはアラビア半島の東に位置するペルシャ湾岸を指し、地理的にこれに接する国——イラク、イラン、オマーン、カタール、クウェート、サウジアラビア、バハレーン、UAE

の八ヵ国が挙げられる。このうち、イラクとイランを除く六ヵ国を「湾岸諸国」と一括りに呼ぶことが多い。これら六ヵ国には、アラビア語を母語とするアラブ人が多数を占めること、王政を敷くこと、新興の産油国であることなど、わかりやすい共通点がある。したがって湾岸諸国といえば、王政アラブ国家であり、経済的に豊かであるイメージ、また以上を組み合わせた「アラブ王族が富を占有する独裁国家」といったイメージも根強く見られる。

湾岸諸国にはブー・サイード家（オマーン）、サーニー家（カタール）、サバーフ家（クウェート）、ハリーファ家（バハレーン）、そしてUAE七首長国のナヒヤーン家（アブダビ首長国）、マクトゥーム家（ドバイ首長国）、カーシミー家（シャルジャ首長国およびラアス・ハイマ首長国）、シャルキー家（フジャイラ首長国）、ヌアイミー家（アジュマーン首長国）という王家がそれぞれ存在する。

3－3　GCC（湾岸協力会議）公式ロゴ

「独裁」という表現が適切かどうかは定かでないが、サウジアラビアのサウード家同様、ほかの王家も各国で象徴君主にとどまらず、なにかしらの実質的な権力を有している。最も明白な権力集中が見られるのはオマーン国王で、首相と国防大臣を（二〇二〇年八月までは外務大臣と財務大臣も）兼任している。ほかの君主に関しても、カタール首長とバハレーン国王は国軍最高司令官を兼任し、クウェート首長は首相の任命権を有する。やや特殊なのがUAEで、七人の首長はそれぞれの首長国で君主として君臨しつつ、一部が連邦国家UAEの大統領（アブダビ首長）、副大統領兼首相（ドバイ首長）の任に就いている。

GCCの役割

六つの湾岸諸国が一括りとされるのは、政治体制などの共通点だけが理由ではない。実際にこれら諸国は、一九八一年に設立された湾岸協力会議（GCC：Gulf Cooperation Council）という地域協力機構を構成している。

GCC設立のための協議は、六ヵ国すべてが独立して間もない一九七〇年代半ばから開始した。ただし、当初の協議にはイラクとイランも加わっており、必ずしもアラブ王政諸国の共同体が念頭に置かれていたわけではない。一九七九年のイラン革命と、翌一九八〇年のイラクによるイラン侵攻（イラン・イラク戦争）によって両国が構想から外れたことで、結果として残り六ヵ国による構成となったのである。

とはいえ、六ヵ国が集まったことには少なからぬ必然性があった。サウジアラビアは一九三二年に現在の国家体制を確立したが、ほかの国々はオマーン・カタール・バハレーン・UAEが一九七一年、クウェートが一九六一年にいずれもイギリスの保護領下から独立して建国された。UAEに関しては、独立当初は六つの首長国からなり（現在の七首長国体制になったのは一九七二年）、いずれも国家独立はサウジアラビアよりも遅い。一九七九年にペルシャ湾対岸のイランで革命が起こり、その後イラクとの戦争に突入したといった不安定化が域内に生じるなか、新興の国々が新たな協力体制を築こうとの趣旨で誕生したのがGCCだったといえる。

ところで、GCCが名称に掲げる「協力」とはなにを指すのか。設立後の歩みをたどれば、一九八三年の統一経済協定の発効（GCC内の貿易自由化）や一九九九年の対外統一関税の導入合意など、経済協力機構としての性格が強い。しかし理念上、GCCがどのような存在であるかは実のところ曖昧なままで、設立前の協議においてもGCCを政治機構とするのか、経済機構とするのか、または軍事・安全保障機構とするのかについての議論には決着がつかなかった。しかし一九八〇年九月にはじまったイラン・イラク戦争を受けて協議が加速し、翌年五月に設立にいたったことを踏まえれば、GCC加盟国の主たる関心が地域の安全保障に寄せられていたことは確かである。このことがよく表れたのが、二〇一〇年にはじまった民主化要求運動「アラブの春」だ。

王室の連帯

GCC加盟国の王室間による連帯、協働の事例は挙げればきりがないものの、共通する関心事項のうち最も重要なのは王室の権威、すなわち君主制を維持し合うことである。このためには、王政を独裁などと批判し、体制基盤を弱体化させようとする内外の勢力に、一致団結して立ち向かう必要がある。

二〇一〇年末のチュニジアに端を発した「アラブの春」は、「革命」といったスローガンを伴って拡大する過程で、次第にペルシャ湾岸の王制アラブ諸国、とりわけサウジアラビアの体制転換が最終目標であるかのようなムードを一部で醸成した。これを受けて、サウジアラビアは当然ながら「アラブの春」がGCC加盟国に飛び火する事態を強く警戒した。自国では二〇一一年二月、インターネット上で大学教員を中心とした一〇人のサウジアラビア人が「ウンマ・イスラーム党」の結成を発表し、政党として認めるよう政府に要求した。また、同年三月一一日を「怒りの日」と称してデモを呼びかける運動も同じくインターネット上で見られた。しかしウンマ・イスラーム党のメンバーはまもなく逮捕され、海外渡航や説教を禁じられたほか、同グループも非合法化された。「怒りの日」に関しても一部で小規模なデモが起こるにとどまり、サウジアラビアはこれらをとおして自国の体制の盤石さを内外に示した。

ほかのGCC加盟国でもデモの多くは散発的なものにとどまったが、バハレーンでは二〇一一年二月、首都マナーマで七〇〇〇人以上ともいわれる人々が参加した大規模な抗議活動が続いた。サウジアラビアはバハレーン政府から協力要請を受け、UAEとともに合計一五〇〇人を派兵してデモの鎮圧に協力した。この際に注目を浴びたのが、サウジアラビアとUAEが派兵した「半島の盾」軍である。同軍はGCC加盟国への物理的脅威に対抗するため、各国の派兵により成立した軍隊だ。一九八五年一〇月という設立時期からは、先述のイラン・イラク戦争の飛び火を警戒したものである様子がうかがえよう。

同軍は長らく名目的なものとなっていたが、二〇〇〇年一二月に結ばれた共同防衛協定にもとづいてGCC加盟国への兵力提供が義務づけられた。にもかかわらず、バハレーンの危機に対して派兵したのがサウジアラビアとUAEの二ヵ国だけであったのは示唆的である。GCCという枠組みをとおして経済協力体制を構築し、共同の軍事組織を有しながらも、加盟国が必ずしも政治・軍事行動で足並みを揃えるわけではないことを、「アラブの春」は明示した。

第4章　石油がもたらしたもの

　ここまでサウジアラビアの成り立ち、宗教界、王権について述べてきた。いずれも国家にとってのイスラームの位置づけを直接に定める点で、重要な要素である。

　一方、本章が扱う「石油」は、本来なら国家におけるイスラームの位置づけとは無関係な要素だ。石油はイスラームで禁忌とされているわけではないし、掘り当てたら天国に行けるわけでもない。ただし、石油の発見はサウジアラビアに莫大な富をもたらし、社会構造や人々の生活を変え、さらには同国の国際的立場を転換させた。とりわけ最後の点は、サウジアラビアが目指す「イスラーム世界の盟主」という立場と決して無関係ではなく、むしろこれを同国に夢想させたといってもよい。この意味で、サウジアラビアにとって石油とイスラームは決して無関係ではないのである。

このことを念頭に、本章では石油発見がサウジアラビア国内をどう変えたのか、また国際社会における同国の立場をどう変えたのかを中心に論じる。そのうえで、石油がもたらしたサウジアラビア社会の課題について紹介したい。具体的には、「石油の呪い」ともいわれる経済発展における隘路《あいろ》、また外国人労働者をめぐるさまざまな問題である。

1　中東戦争とテクノクラート——国内外の権力構図の変化

アメリカのエネルギー経済問題の専門家、ダニエル・ヤーギンが一九九一年に著した『石油の世紀』(*The Prize: The Epic Quest for Oil, Money, and Power*)は日本語にも翻訳され、刊行翌年にはピューリッツァー賞も授賞して広く世界に知られた。エネルギー資源が担う重要性と影響の大きさについては、今さらここで詳細に取り上げる必要はないだろう。

日本では明治以降、新潟市をはじめ北陸・東北(日本海側)の各地で石油の採掘が進み、太平洋戦争後には石炭に代わって主たるエネルギーとなった。とはいえ現在、原油の約九割九分は輸入に頼っており、この八割以上を中東諸国が占める。さらにその筆頭として、日本の原油輸入量の約三割強を占めるのがサウジアラビアだ。同国と日本との関係は必ずしも本書の主たるテーマではない。しかし、石油がサウジアラビアにもたらした変化について知ることは、富が社会や国家政策へいかなる影響を及ぼすかを理解する意味で、日本社会について考えるうえでも決して無関係ではないはずだ。

オイルショックと国際秩序

あたかもオイルショックの様相。新型コロナウイルス（COVID-19）の感染拡大が日本に及んだ二〇二〇年春、こうした表現を耳にした人も多いだろう。人々が小売店に並んで消毒液やマスクを買い求めるなか、一緒にトイレットペーパーやティッシュペーパーも店頭から姿を消した状況を指したものだ。この様子が、かつてのオイルショックの状況を思い起こさせた。

オイルショック（第一次）とは、一九七三年にエジプトとシリアがイスラエル軍に攻撃を開始した際（第四次中東戦争）、エジプトとシリアを支持する中東産油国や、同諸国が構成するアラブ石油輸出国機構（OAPEC）が行った、原油生産の削減と原油価格の引き上げ、また石油禁輸措置による影響である。禁輸措置の対象となったのは米国をはじめ、イスラエルを支援する国々だ。これによる世界規模での経済的影響は、石油の流通の主導権を握ることがいかに大きな権力となりうるかを世界に認識させた。

ここで、石油ショックの発端である中東戦争に目を向けよう。一般に中東戦争と呼ばれるのは、一九四八年のイスラエル建国とパレスチナ占領を機にはじまった、四度におよぶイスラエルとアラブ諸国間の戦争を指す。ただし「中東戦争」という呼称は海外ではそう一般的ではなく、「アラブ・イスラエル紛争」、とくにアラブ諸国では「パレスチナ戦争」のように、当事国を念頭に置いた呼び名を使用することが多い。つまり当時、日本において「中東」という言葉が東地中海地域のアラブ諸国を念頭に置いていたことがわかる。

たしかに、かつての中東アラブの中軸といえば、イスラエルと戦ってきたエジプトやシリアの名が挙げられた。いずれも古代文明のうえに成り立ち、七世紀以来のイスラーム王朝の歴史を持ちながら、その過程で発展した大都市を有する。そして英仏という植民地主義の旗手から独立を果たした後は、イスラームに取って代わるイデオロギーとしてアラブ民族主義を掲げ、パレスチナの同胞を救うべくイスラエル包囲網を率いた、地域の盟主と呼べる国々だ。

ただし、四度にわたるイスラエルとの戦いでエジプトとシリアが威厳を示した機会は、第二次中東戦争時（一九五六〜五七年）でのエジプトのナセル大統領による、スエズ運河国有化の実現といった政治的勝利、また第四次中東戦争時の奇襲（ユダヤ教の祭日「ヨーム・キプール」にあわせた攻撃）に限られよう。最終的に、エジプトとシリアが選び取ったのはイスラエルに対する「戦略的撤退」であった。エジプトは一九七八年三月に調印したキャンプ・デービッド合意によってイスラエルと和平合意にいたり、シリアはレバノンに侵攻してイスラエルに圧力をかけつつ、直接的な武力衝突は避けた。

こうしてエジプトとシリアが中東アラブの盟主の座から陥落したのと入れ替わって、エネルギー外交によって世界を驚かせたのが、ペルシャ湾岸の産油国、とりわけサウジアラビアであった。

地域での主導的立場への自覚

オイルショックは、石油輸入国にとっては「ショック」でも、産油国にとっては域内の権力構造を転換させる好機となった。牽引役であったサウジアラビアにとっては、中東・アラブ世界の盟主の座に上りつめるためのターニングポイントだったといえよう。

4－1　1938年に石油が発見された油井「ダンマーム No.7」　サウジ・アラムコ社 HP より

サウジアラビアの産油国としての歴史はアメリカとの関係構築に遡《さかのぼ》る。第一次王国崩壊の反省から、大国との関係構築の必要性を実感していたサウジアラビアと、好景気を迎えて国内の石油需要が増え、中東地域に橋頭堡《きょうとうほ》を求めたアメリカの思惑が一致し、両国は一九三三年に外交関係を樹立した。この際、サウジアラビアはアメリカの石油メジャーであるスタンダード・オイル・オブ・カリフォルニア（ＳｏＣａｌ、現在のシェヴロン）に石油利権を供与した。ＳｏＣａｌの現地子会社はサウジアラビア東部で石油の採掘を進め、一九三八年にザフラーンで大規模油田を発見した（4－1）。

これを背景に、一九四五年にはアブドルアジーズ国王とアメリカのフランクリン・ルーズベルト大統領が、スエズ運河に停泊していたアメリカ戦艦クインシー号で会談した。この会談で、サウジアラビアがアメリカに安定的な石油供給を行う見返りに、アメリカはサウジアラビアを軍事的に防衛することが取り決められた。一七四四年の政教盟約から約二世紀、サウード家は新たに域外の大国と同盟を結んだのである。

アメリカとの同盟構築と石油発見に伴う経済発展を背景とした、国際社会での立場の変化に向けてどう国家の舵をとるかは、歴代国王にとって重要な課題であった。この点で評価の明暗が分かれたのが、サウード第二代国王とファイサル第三代国王である。

一九五三年に即位したサウード国王は、アブドルアジーズ初代国王の息子のなかでも武勇にすぐれ、アラビア語しか話さない古風な振る舞いとあわせて、質実剛健な人格で知られていた。一方でこうしたイメージは、華美な宮殿を建てたり、高級外車を好んだり、多くの女性を妻に娶《めと》ったりといったエピソードとのギャップを際立たせた。さらに外交では、アラブ世界の指導者として地域で支持を集めていたエジプトのナセル大統領と、ナセル大統領を警戒するアメリカとの間で板挟みとなり、国内外から不信を買った。

これに対してファイサル国王は、一九三二年、二六歳の若さで外務大臣に任命されるなど、世界情勢につうじた君主として、サウジアラビアの近代化に国内外の両面から取り組む資質を備えていたと評価される。国内でいえば、すでに述べたようにテレビ局の開設や女子教育の導入が挙げられ、対外的には、先のオイルショックによる石油の禁輸措置の発動である。とくに後者は、石油の安定的な供給を約束したアメリカとの「特別な関係」よりもイスラーム・アラブ諸国との足並み一致を優先したことで、サウジアラビアの立場を世界に対して明確に示した。

ちなみに、同国王のこうした外交姿勢は外務大臣の時代から見られた。例として挙げられるのは中国への対応である。サウジアラビアは一九三〇年代に中華民国国民政府、すなわち台湾と国交を樹立していた。一方、一九四九年に誕生した中華人民共和国との関係については、ムスリムへの差別が見られるとの報告を理由に国交樹立にいたらなかった。一九五五年に開かれたバンドン会議で、外務大臣であったファイサルは、中国がムスリムを冷遇している事態を遺憾に思うとの趣旨のメッセージを周恩来首相に伝えたとされる。

新しいエリート層

石油による経済発展は、国内の権力構造にも新たな風を吹き込んだ。石油発見の後、国内に多くの外国人が滞在するようになったのはすでに述べたとおりである。同様に、サウジアラビア人も国外に住むようになった。一九五〇年代以降、国内はベビーブームを迎え、同時期から一九八〇年代までの合計特殊出生率（女性一人が産む子供の数の平均値）は七を記録した。いわゆる「団塊の世代」が生まれた日本のベビーブーム（第一次、一九四七〜四九年）の出生率が四であったことを考えれば、期間の長さも出生率の高さも比較にならない。

ベビーブーム以降の世代は、サウジアラビアが産油国として経済発展し、社会が近代化するのを享受する環境下で育った。彼らの一部は欧米の大学で学び、帰国後は先進国で得た知識や語学力を用いてサウジアラビアの一層の近代化に貢献した。そして技術官僚（テクノクラート）として王室、宗教界とともにサウジアラビアの第三極のエリート層を形成していったのである。

新たに台頭したテクノクラートは経済分野で活躍し、王室や宗教界との権力の棲み分けが図られた。この中心となったのが石油部門である。サウジアラビアで石油部門を職掌としてきた機関は、一九三五年に財務省管轄の機関として設立された公共事業・鉱物局にはじまり、それが一九五二年に石油・鉱物事項総局と名を変え、一九六〇年には石油・鉱物資源省として独立した。そして二〇一六年にエネルギー・産業・鉱物資源省と再び改名した後、二〇一九年にエネルギー省と産業・鉱物資源省に分けられ、現在にいたる。ここでは、本章のテーマに即して便宜的に「石油省」と呼ぼう。省となった一九六〇年以降、石油部門の長となった閣僚は六人おり、彼らのうち、現大臣以外はいずれも非王族のテクノクラートだ。

ところで、日本の内閣改造で主に注目されるのは、与党内でどのような立場にある人が、どういう利権に与《あず》かるかである。あるいは、与党が人気取りや注目を集める目的で、知名度の高い議員になんらかのポストを与えるかどうかといった辺りである。つまり、任命された人物がその職掌に対してどのような知識や実務経験を持ち合わせているかはそう重要な問題とは捉えられていない。

権力配分という観点では、サウジアラビアの内閣改造もこれと似た面がないわけではない。しかし石油大臣に限っては、アメリカやイギリスで世俗学問を修めた非王族という点が共通して見られるのは興味深い。莫大な富を運用・管理する立場では、伝統的な序列よりも実力が重視されることを表しているわけだ。

実際、特定の王子が多くの富を得て王室内の不平等や汚職が根づくことを防ぐために、不文律ながら経済関係の大臣には王族を配さない慣例が国内にはあった。とりわけ石油部門は、国家の基幹産業であることから、王族をその代表にあえて任命してこなかった。二〇一九年、サルマーン現国王の息子であるアブドルアジーズ・イブン・サルマーン王子が石油大臣に任命されたことが国内外で注目を集めたのも納得だ。

2 「資源の呪い」――レンティア国家は夢の社会か

日本を含む多くの国家は生産国家と呼ばれる。生産国家とは、原料や製品を生産して国内外で販売し、これによって得られる対価の一部を国家が税金として徴収し、財政が機能する国家を指す。

これに対して、サウジアラビアはレンティア国家と呼ばれる。語源であるレントは「地代」を意味する言葉で、経済学では投資や資産からの収益を指す。つまり、石油という天然資源による収入を分配することで国家財政を成り立たせているわけだ。「不労所得」といった、否定的な意味も込めた言葉で表現されることも多いレントは、国内経済だけでなく政治体制や社会構造にも大きな変化をもたらした。ここからは、産油国としてのサウジアラビアの特徴を国内の状況から見ていこう。

サウジ・アラムコの誕生

もし、自宅の庭から石油が湧き出たならば――こんな夢を見た人は少なくないはずだ。夢の続きは、大地からあふれ出す石油を売りさばき、働かずに富を得て裕福な暮らしを営むことだ。もっとも、これが成り立つには単純に考えて二つの条件が必要になる。一つは、石油が湧き出た場所が自分の所有する土地であること。もう一つは、十分な富を得るだけの量の石油が採れることである。この点、サウジアラビアをレンティア国家とさせた要因は、石油が発見された時点でアラビア半島東部が自国の領土であったこと、そしてそこで自国の需要を上回る量の石油が採れたことだといえる。

サウジアラビアの石油産業を支えたのは、SoCalの現地子会社、カリフォルニア・アラビアン・スタンダード・オイル・カンパニー（CASOC）である。同社は一九四四年、アラビアン・アメリカン・オイル・カンパニー、通称アラムコ（ARAMCO）と名を変えた。今日、石油の埋蔵量・生産量・輸出量でいずれも世界のトップ3に入る産油大国を支える、国営石油会社サウジ・アラムコの前身である。

サウジ・アラムコを支えてきたのは、先述のテクノクラートだ。一九六二年に任命されたアフマド・ザキー・ヤマニー石油大臣（一九三〇～二〇二一年）はその代表的人物の一人である。彼はメッカのウラマー家系に生まれながらテクノクラートという世俗エリートに転身したユニークな経歴を持つ。財務省に入省後、アメリカとイギリスに留学して法学を学び、帰国後は再び財務省で税務に携わったほか、当時皇太子であったファイサル国王の司法顧問に抜擢《ばってき》されるなど、法務分野でも活躍した。石油大臣としては、産油国間の原油価格制定のための法整備やアラムコ国有化に向けた交渉役を担ったほか、一九六八年のOAPEC創設にかかわり、さらにはイスラエル支援国への石油禁輸措置、すなわちオイルショックを演出した。サウジアラビアの存在感を国際社会に示したオイルショックが、テクノクラートの存在感を示すものでもあったわけだ。

一九八三年にアラムコ会長に就任したアリー・ナイーミー（一九三五年生）のもと、同社は一九八八年にサウジアラビアン・オイル・カンパニー、つまり現在の国営会社サウジ・アラムコとして再出発した。サウジアラビア東部の小村に生まれたナイーミーは、羊飼いの仕事を手伝いながら育ち、両親の離婚もあって一二歳からは学校に通いながらアラムコの使用人として働いた。その働きぶりが幹部の目に留まり、社内で事務員として採用された後はアメリカ留学の機会を与えられた。そして帰国後は、国営企業へ移行するさなかのアラムコで技術職、管理職を務め、やがて頂点に上りつめた。さらに一九八八年、ナイーミーはサウ

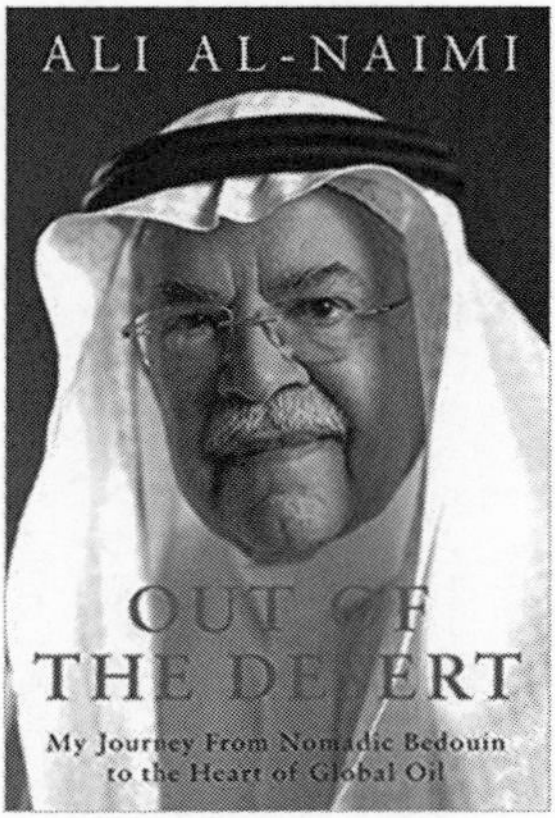

４－２　2016年に出版されたナイーミー氏の自伝『砂漠で生まれて』　出版社 HP より

ジ・アラムコの最高経営責任者（ＣＥＯ）に就任し、一九九五年から二〇一六年までは石油大臣も務めた。日本でいえば野口英世や松下幸之助を彷彿《ほうふつ》とさせる、立志伝中の人と呼ぶにふさわしい経歴だ（４－２）。

アラムコが国営企業となったことで、サウジアラビアは国有財産としての石油の収益を一手に握り、これを国庫に収めることで国家財政を潤してきた。石油部門による収益は国家歳入の七～八割、ＧＤＰに占める割合は一九七〇年以降、最も高かった一九七九年に八七％超を記録した（The World Bank）。この潤沢な資金によって、政府は国民に税金を課さず、一方で手厚い福祉や補助金政策を用意してこられたわけだ。

石油依存がもたらす不安定

サウジアラビア人労働者のうち、約三分の一は公務員とされる。公共部門の労働者に範囲を広げると、その割合は七割ほどに拡大するともいわれる。日本では労働者全体で公務員が占める割合は一割以下で、その差は歴然だ。民間部門で働く人が少ないことの理由は、まずもって産業の少なさにある。

一九六〇〜七〇年代に世界の産油諸国で起こった石油国有化の波をへて、各国は歳入を拡大させることに成功した。しかし経済は停滞し、政治的にも民主化が進まない。こうした現象を、経済学や政治学では「資源の呪い」と呼んできた。ここでいう呪いとは、多すぎる富は人を堕落させるといった道徳論の類ではなく、大雑把にいえば以下のようなものだ（マイケル・L・ロス『石油の呪い』）。

資源――正確にいえば鉱物資源、さらにその大部分を占める石油――が、国家予算を賄《まかな》うほどに豊富に採れれば、国家はほかの産業を必要としなくなる。しかし石油は、他国が必要とし、購入するという前提が成り立たなければ富をもたらさない。このため、石油に依存した経済は国際情勢に伴う市場の動向に大きく左右される。

また、国家が石油を管理する以上、収入は政府のものとなる。政府はキャッシュを税金の免除や補助金といった方法で国民に分配し、人々に豊かさを享受させる。一方、どれほどの富がどのようなプロセスで管理・運営されているかは不透明である。このため、石油に依存した国家では政府、あるいはその中枢による独裁や汚職が進む。市民が産油国で幸せを感じて暮らせるとすれば、エスタブリッシュメント側による権力の濫用や、それに伴う不平等な社会構造のなかで、自分が優位な立場にあるとともに、そのことに対して無知を貫き続けることが前提となる。

加えて、石油への依存は家父長制を助長し、女性の社会進出を妨げるとも指摘される。産業革命以来、繊維製品などを扱う工場での雇用の大半を女性が占めてきたことは広く知られている。日本では、二〇一四年に世界遺産に登録された群馬県の富岡製糸場（一八七二年開業）が、女性の労働市場への参加を促したことで知られる。海外では、フィンランドのファッション・ブランドであるマリメッコ（一九五一年設立）が、雇用創出をとおして女性の自立に貢献してきた歴史を持つ。こうした製造業に対して、石油産業は女性を雇用せず、結果として彼女らの政治的・経済的エンパワーメントを閉ざしてきた。

このように、石油によって成り立つ経済は決して安定したものではない。安く売れれば儲けが減り、高く売れれば相手は買い控えたり、代替エネルギーの開発を進めたり、より安い国からの輸入を検討したりする。したがって、世界市場での石油の需要を見極めつつ価格を調整する必要がある。

二〇二一年一月に発足したアメリカのバイデン政権は、「クリーン・エネルギー革命」を掲げて環境政策を大幅に見直す姿勢を打ち出した。ここには、中国が進める石炭・火力発電の輸出を牽制する思惑もあるとされる。これに対してサウジ・アラムコのアミーン・ナーシル現CEOは、三月に中国で開かれた開発フォーラムに寄せたビデオメッセージのなかで、「再生可能エネルギーへの転換は重要だが、現実問題としてそれが石油に取って代わるには時間を要する」と説明した。石油に代わるエネルギーの開発は、天然資源という限りある富を長持ちさせる一方、埋蔵されている石油の価値を奪って「座礁資産」とし、産油国というサウジアラビアの国際的地位を脅かすものでもある。中国に向けたメッセージからは、板挟みともいえるサウジアラビア側の認識が滲《にじ》み出ている。

「金満国家」との誹り

いくつかの不安要素は指摘できるものの、石油収入の分配のおかげで所得税、法人税、住民税が課されないサウジアラビアの生活は、世界の多くの人からすれば羨ましく思える。これがさらに嫉妬や憎悪を駆り立てるとしたら、それは富の源泉が天然資源だからであろう。

ある土地に囲いをして「これはおれのものだ」と宣言することを思いつき、それをそのまま信ずるほどおめでたい人々を見つけた最初の者が、政治社会〔国家〕の真の創立者であった。杭を引き抜きあるいは溝を埋めながら、「こんないかさま師の言うことなんか聞かないように気をつけろ。果実は万人のものであり、土地はだれのものでもないことを忘れるなら、それこそ君たちの身の破滅だぞ！」とその同胞たちにむかって叫んだ者がかりにあったとしたら、その人は、いかに多くの犯罪と戦争と殺人とを、またいかに多くの悲惨と恐怖とを人類に免れさせてやれたことであろう？

（ルソー『人間不平等起源論』）

これは、社会の発展が不平等を固定化することを指摘したルソーの金言である。仮に、サウジアラビアが国内で採れた石油を、「アラビア半島で採れたのだからアラブ地域全体の財産だ」「地球から湧き出たのだから全人類が共有すべき財産だ」と叫んで、貧困国や紛争国に配分したとしても、あらゆる問題が根本的な解決にいたるわけではないだろう。それでも、「その富を投げ打てばどれだけのことができただろう」とは、貧困や紛争の当事者でなくとも抱く想いだ。

このことを、ほかならぬサウジアラビア、またUAEやカタールといった周辺の産油国はよく知っている。これらの産油国は、世界で最も資金援助を活発に行っている国々であり、とりわけ援助の対象には同胞であるムスリムが多数を占める国・地域が目立つ。筆頭に挙げられるのはパレスチナであろう。報じられるところでは、過去二〇年間、サウジアラビアは総額六五億ドル以上の資金援助を、国連パレスチナ難民救済事業機関（ＵＮＲＷＡ）などをつうじて行っている（*Al-Arabiyya*, August 15, 2020）。

オイルショックに見られたように、サウジアラビアはパレスチナ紛争（中東和平）については イスラエルを非難する立場を明示しており、パレスチナ人への支援はこの一環として続けられている。また近年では、二〇一五年五月に現国王の名前を冠して設立されたサルマーン国王人道支援・救済センター（ＫＳＲｅｌｉｅｆ）が、国連難民高等弁務官事務所（ＵＮＨＣＲ）の協力のもとでイエメンやシリアの避難民、またミャンマーからバングラデシュに逃れたロヒンギャ難民（いずれも主にムスリムである）を対象に、やはり数十億ドル単位の資金援助を続けている。

いうまでもなく、こうした人道支援活動は国際社会、とりわけイスラーム諸国の間で、イスラーム世界の盟主としてのサウジアラビアの存在意義に影響するものだ。ほかにも、かつてのオスマン帝国の領土であった東ヨーロッパのバルカン半島諸国や、かつて「中国」として国交を築いていた台湾など、ムスリムが少数派の国・地域ではモスクの建設費の援助やクルアーンをはじめとした書籍の寄贈も積極的に行っている。

ただし、こうした活動でサウジアラビアが世界のムスリムの庇護者や、人権外交に勤《いそ》しむ国家といった評価を得るわけでは必ずしもない。たとえば、「パレスチナ難民に金銭援助をする前に、彼らの人権状況が改善されるための外交的努力をイスラエルに対して直接に行えばいいではないか」といった非難は定番である。またKSReliefが支援対象に含むイエメン難民の増加は、サウジアラビア自体が二〇一五年に軍事介入したことでイエメンの内戦が激化したことと無関係ではない。ロヒンギャ難民に関しては、「(難民を生んだ) ミャンマー政府を批判する一方で、中国新疆《しんきょう》ウイグル自治区のウイグル族の状況は見て見ぬ振りか」といった厳しい声も海外メディアからは聞かれる。

3　内なる他者——労働者の半分を占める外国人

再び国内に目を向けよう。先にサウジアラビア人労働者の公務員が占める割合の高さに触れた。この背景には、産業が少ないこととあわせて、外国人労働者が民間部門で多く雇用されていることがある。

国内の人口統計を見ると、二〇二〇年時点の人口はおよそ三五〇〇万人、このうち外国人数はおよそ一〇〇〇万人である。外国人の労働参加率は二〇二〇年第4四半期時点で七四・五％（サウジアラビア総合統計局調べ）、つまり単純に計算して七五〇万人ほどの外国人労働者が国内に存在することになる。二〇二〇年の全体の労働者人口は約一四四五万人とされるので、労働者の二人に一人は外国人ということだ。

オイルブームを背景に、サウジアラビアには周辺アラブ諸国だけでなく、インドやパキスタンからの労働者が大挙して訪れた。彼らの多くは建設現場で働く、いわゆる「ブルー・ワーカー」に該当する男性であった。その後、インドネシアやフィリピンから家事労働者の女性が訪れた。外国人労働者は石油による富を象徴する存在ともいえ、サウジアラビア人のメンタリティや社会構造にも大きな影響を及ぼしている。

「一般人」とは誰か

「国民」を見かけない――サウジアラビアを含むペルシャ湾岸産油国を訪れた観光客がしば

国名	統計時期	自国籍保有者（%）	外国籍保有者（%）
サウジアラビア	2014年中旬	20, 702, 536（67. 3）	10, 067, 839（32. 7）
オマーン	2016年４月	2, 412, 624（54. 6）	2, 006, 569（45. 4）
カタール	2010年４月	243, 019（10. 1）	2, 161, 757（89. 9）
クウェート	2016年４月	1, 316, 147（30. 6）	2, 978, 024（69. 4）
バハレーン	2014年中旬	630, 744（48. 0）	683, 818（52. 0）
UAE	2010年中旬	947, 997（11. 5）	7, 316, 073（88. 5）

4－3　GCC諸国における国内在住者の自国民／外国人内訳　Gulf Research Center調べ

しば抱く印象である。タクシーに乗ったり、ホテルにチェックインしたり、街中で食事や買い物をする過程で出会うのがほとんど外国人労働者という状況を表現したものだ。

たしかに数日間の観光旅行の場合、その国の国民と出会ったのは空港だけということもあるだろう。サウジアラビアのGulf Research Centerが発表したGCC諸国の国民と外国人の統計データを見れば、とりわけ目を引くのは外国人数が国民の約九倍のカタールと、同じく約九倍のUAEだろう。これに比べれば、サウジアラビアの外国人割合は三割未満と、GCC諸国全体で見ればかなり低い部類に入る（4－3）。

日本でも在留外国人数が増加傾向にあるとはいえ、二〇二〇年六月時点で約二八八万人（出入国在留管理庁調べ）、総人口の約二％であることを考えれば、GCC諸国の状況は想像が及ばない世界かもしれない。ただしここで重要なのは、たんに多くの外国人がいるという話ではなく、少数の国民が「ホワイト・カラー」として多くの外国人を雇い、管理するという寡頭政治の縮図とも呼べる構造が根づいていることだ。

「お相手は一般人」とは、日本で芸能人などの婚約発表のニュースでよく耳にする表現である。その後、「お相手」の家柄や年収などが明らかにされて「一般人とは呼べない」といった声が上がるのが定番だ。日本で「一般人」といえば、満員電車に揺られて通勤する父親、子供が遠足で終日家を空けるときにようやく美容院に行ける母親、またアルバイトや奨学金でなんとか勉強と生活を成り立たせている学生などが想像されよう。

しかし、サウジアラビアで出会う「一般」の国民は少々趣が異なる。たとえば筆者の印象に残っているのは、ある男性が「大学を卒業したばかりだが仕事がない。今探している」というので、どういう仕事に就きたいのか尋ねたところ、返ってきた答えが「マネージャー」だったというエピソードだ。これは管理職以下には通常外国人が就く状況を反映したもので、彼としては全く悪気のない発言である。しかし素朴な発言が逆に、サウジアラビアの労働市場の根深い構造を浮かび上がらせた。彼にとってひとまずの目標である「管理職」とは、サウジアラビア人労働者としてのボーダーラインであり、これを達成できなければ彼は外国人、つまり国民「以下」の存在になるわけだ。こうした状況を考慮すれば、サウジアラビアで日ごろに接する「一般人」と呼ぶべき人々とは、同国民よりも外国人労働者だと感じることも少なくない。

外国人とは誰か

少し視点をずらして、「外国人」とは誰かを考えてみよう。総合統計局の調べでは、二〇一七年のサウジアラビア人労働者の平均月給は七三七二リヤル（二〇二一年六月時点で一リヤルが約二九円）、一方の外国人の平均月給は二七三一リヤルであり、おおよそ二・七倍の開きがある。これはサウジアラビア人の男女差（約一・七倍：男性八三八八リヤル、女性四九三九リヤル）よりはるかに大きい。外国人労働者の男女差に目を向けると、男性の平均月給は二六七九リヤルであるのに対して女性は四七三七リヤルと多く、サウジアラビア人労働者とは逆の結果になる。

先に紹介した「彼」の話に戻ると、労働者をサウジアラビア人の男女、外国人の男女という四つのカテゴリーに分けたとき、最も給与が高いのはサウジアラビア人男性、最も低いのは外国人男性である。彼にとって管理職に就けないことは、このカテゴリーの最上位から最下位に「転落」することを意味したわけだ。もっとも、サウジアラビア人が一般社員として働く場合、外国人よりも高い給与を受け取るといわれるため、この「転落」は必ずしも実際の給与を反映したものではない。しかし、「出稼ぎに来た外国人用の仕事」に就くことへの抵抗は、彼にとって給与以上の問題であったとも予想される。

もう一つ、外国人であることの含意について紹介しよう。石油産業を軸に経済発展が進んだ一九六〇年代以降、国内の人口は急増した。一九六〇年には約四〇九万人だったのが二〇二〇年は約三五〇〇万人と、六〇年間でおおよそ八・六倍に増えた。日本の一九六〇年時点の人口は九〇〇〇万人超（二〇二一年七月時点で約一億二五三六万人）であり、先に紹介したベビーブーム時の出生率とあわせて、サウジアラビアの人口増加率の高さがうかがえよう。この背景に、ベビーブームに加えて、外国人労働者の増加があるのはいうまでもない。

第2章で触れたように、サウジアラビア社会にとって外国人はたんに国籍を異にする人々でなく、ワッハーブ主義にもとづいて「純化」されたイスラーム社会に入り込んだ異質な存在ともなる。一般に、「近所に外国人が増えた」という現象に対しては、街の人口が増加することと以上に、景観や治安を含めた街の雰囲気が変質するといった具合に、否定的な見方が向けられることが多い。

少なくとも今日、外国人に対してこうした警戒を示す向きはサウジアラビア人の間で強くはない。ただし、アフリカやインドネシア出身の女性に対して、「黒魔術（スィフル）を使う」という偏見は社会に根強く残っているようだ。突然に黒魔術と聞くと荒唐無稽な話のようだが、クルアーンとハディースに登場する黒魔術は、比喩などではなく、学習・実践が可能な科学の一つである。ただし、黒魔術は人々を惑わし、社会を不安に陥れるものとされるため、クルアーンやハディースでは非難される。とはいえ聖典に書かれている以上、人々は黒魔術の存在を信じている。黒魔術の定義は難しいが、実際はカードや香料を用いた占い、または予言などの行為を指すことが多い。サウジアラビアでは、黒魔術を使用した容疑で外国人女性の家事労働者が逮捕され、処刑された例が不定期ながら報じられる。全体から見れば一握りだが、外国人がサウジアラビアの目指す「正しいイスラーム」社会に反する存在と捉えられる一例だ。

シーア派

最後に、外国人ではないが、「正しいイスラーム」社会の招かれざる客として扱われることも多いシーア派の人々を取り上げよう。第1章で触れたように、シーア派はワッハーブ主義から見て異端と呼べる存在だ。そもそもスンナ派とは、言葉どおり預言者ムハンマドの言行に従う人々を指す。つまり「従わない人々」の存在を前提とした名称であり、シーア派はその筆頭と位置づけられる。

正確な統計はないが、国内のシーア派は人口の一〇％強といわれている。彼らの集住地域は大まかには南西部（ジャーザーン州、アシール州、ナジュラーン州）、中西部（メッカ州、メディナ州）、東部（東部州）の三つに分かれている。歴史背景としては、南西部はシーア派の一つであるザイド派の影響が残るイエメンに近いこと、中西部は巡礼をつうじて世界中のムスリムが定住してきたメッカとメディナという聖地を擁すること、そして東部は現在のイランに位置するサファヴィー朝（一五〇一～一七三六年）以来、ペルシア湾周辺に今日のシーア派の最大勢力である十二イマーム派が居住してきたことがある。したがって、彼らは国籍を持たない外国人ではなく、むしろ長く同地に住んできた人々である。

三つの地域のなかでも、シーア派の一大居住地として知られているのは東部州である。そもそもサウジアラビアのシーア派が国内外で注目を集める契機となったのは、一九七九年のイラン革命の後、就職や教育の機会が一部制限されていたシーア派住民が東部州の諸都市で抗議運動を行い、治安当局と衝突したことである。抗議運動の中心地となったカティーフ市

4－4　東部州の町で行われるアーシューラーの様子　筆者撮影

では、その後も断続的に住民によるデモが起こった。

東部州のシーア派は、政府にとって悩ましい存在である。彼らはサウジアラビア社会での自分たちの立場をよく理解しているため、概して勤勉・優秀といわれ、たとえば東部州の石油関連施設でも働き手として国家に貢献している。一方、シーア派というアイデンティティを紐帯とした彼らの結束は、社会の秩序を不安定化させかねない。そのため政府は彼らを異なる宗派として扱うことには慎重な姿勢を見せてきた。

たとえば二〇一二年に刊行された『サウジアラビア王国百科事典』を見ると、「シーア派」という単語が全二〇巻の事典に登場するのはわずかに五ヵ所であり、そのうち現代のシーア派について述べるのは二ヵ所だ。当該箇所はシーア派の儀礼「アーシューラー」（4-4）と、これにあわせて設けられる「フサイニーヤ」という場所の説明であり、いずれも東部州を扱う巻の「祭式」の項で数行触れられるにとどまる。

アーシューラーとは、ヒジュラ暦の一月一〇日に行われる儀礼であり、もともと断食を行うことが慣わしであった。しかし、第四代カリフにしてシーア派の初代イマームであるアリーの次男、フサインが殉教した日であることから、彼の死の痛みを分かち合うために人々が追悼するのがシーア派の習慣である。イランの報道などで、人々が公道で鎖や刃物で自身の身体を傷つけている様子を見たことがある人もいるだろう。このフサインの殉教の様子を劇などで再現し、人々に伝える場所がフサイニーヤだ。

サウジアラビアでは公道でアーシューラーを行うことが禁じられ、貸住宅や公民館のような外からは見えない場所で行われる。また、流血を伴う派手な自傷行為は避けられ、人々は自分の頭や身体を叩いて、フサインの受難を追憶する。つまり、たとえシーア派の人々が多く住む場所であっても、公共の場でその固有性が可視化し、強く主張される事態は良しとされてこなかったのである。サウジアラビア国内で、シーア派の信仰自体が禁じられているわけでは決してない。一方、公共の場でシーア派性が現れることは、ワッハーブ主義にもとづいた社会の「純真」さに抵触し、また国内におけるイランの影響力を示すものともなりうる。さらにいえば、彼らが「シーア派」として結束し、抗議運動などを組織すれば、体制の安定性にも影響を及ぼしかねない。こうしたさまざまな要因から、政府はシーア派の人々の生活ぶりに注意を払ってきた。

第5章　過激主義の潮流

二〇二一年九月、世界は九・一一から二〇年を迎えた。当時、被害国であるアメリカでは、実行犯の信仰するイスラームが過激な宗教とのイメージが広がった。また同国のジョージ・W・ブッシュ大統領が「この十字軍、すなわちテロリズムとの戦いは時間を要するだろう」と述べ、イスラームとキリスト教の歴史になぞらえたことで、二〇世紀末にアメリカの政治学者サミュエル・P・ハンチントンが提唱した「文明の衝突」論——冷戦後の世界の主要な対立は文明間の衝突により起こるという主張——が改めて注目を浴びた（サミュエル・ハンチントン『文明の衝突』）。

政治的戦略よりもパフォーマンスを重視し、宗教的世界観によって戦争を正当化するという、宗教学者マーク・ユルゲンスマイヤーの「コスミック戦争」論が提唱されたのも同じタイミングだ（マーク・ユルゲンスマイヤー『グローバル時代の宗教とテロリズム』）。日本では、イスラームとキリスト教の戦いという構図が一神教不寛容論に敷衍《ふえん》され、一方で日本の多神教文化は寛容で平和を愛するものだといった言説が梅原猛や養老孟司をはじめとする学者・知識人・論客をとおして広まり、一部で安直な日本礼賛論も生み出した。

一方、サウジアラビアにとって、実行犯一九人のうち一五人が自国の出身者であった九・一一は、諸外国からの敵意や偏見を招くには十分な出来事であった。これへの対応を含め、本章ではサウジアラビアを取り巻く過激主義の潮流について説明する。

1　背教者の汚名——メッカ聖モスク占拠から湾岸戦争へ

サウジアラビアと過激主義のかかわりを、ここでは時系列に、二つの潮流にもとづいて紹介する。現実世界の多くの暴力が「正義」を目指して生まれるように、過激主義者の思想・行動もまた、サウジアラビアやイスラーム世界をより正しい方向に導こうとの意思をとおして現れた。このことは、サウジアラビアがイスラーム世界の盟主としての資格を満たしていない、あるいはイスラームに背いているという考えを過激主義者が持っている状況を意味する。したがってサウジアラビア政府とすれば、彼らは社会の治安を乱すだけでなく、国家の看板を大きく傷つける存在となりうる。

イフワーン

まず一つ目の潮流について、時計の針を二〇世紀初頭に巻き戻し、「イフワーン」と呼ばれた人々を紹介したい。

イフワーンとは二〇世紀初頭、サウード家のアラビア半島征服に協力した遊牧民の戦闘部隊である。もともとイフワーンとはアラビア語で「兄弟」を意味し、転じて同じムスリム、すなわち同胞を意味する言葉だ。彼らの主たる役割は周辺の地を制圧し、代わりにサウード家からその土地と戦利品の一部を受け取ることで、サウジアラビアの領土拡大に貢献することであった。

アブドルアジーズ初代国王は、周辺大国と外交関係を持たずに滅びた第一次王国と同じ轍《てつ》を踏まぬよう、半島制圧の過程でイギリスとの同盟関係を築いた。さらに、安定的な支配を優先して東部のシーア派住民（ワッハーブ主義から見れば排除すべき存在）が領土内にとどまることを認めた。こうした戦略的な政治手腕は、イフワーンの目には国王によるワッハーブ主義の妥協と映った。

また、支配地を拡大するにつれてイフワーンは統治権を要求したが、アブドルアジーズ国王はこれを拒否し、自身の一族を辺境の知事に配した。こうしたことへの不満がイフワーンとアブドルアジーズ国王の対立につながり、一九二八〜三〇年にかけて両者はついに戦闘に突入したのである。この結果、アブドルアジーズ国王は自身の覇権に貢献したイフワーンを壊滅させた。

これだけなら過去の話で済んだのだが、イフワーンを源流とする過激主義の潮流が、一九七九年に国内を揺るがす事態を生んだ。同年一一月にメッカで起こった聖モスク武装占拠事件である。首謀者のサウジアラビア人、ジュハイマーン・ウタイビーは約一〇〇〇人を人質に当時のハーリド国王の廃位を訴えた。ウタイビーは、アラビア半島中部の有力部族ウタイバ族の出身であり、彼の祖父はイフワーンの一員として活躍していた。つまりウタイビーにとって、サウード家は一族の仇《かたき》と呼べる存在なのである。

もっとも、ウタイビーによる国王廃位の要求はたんなる私怨によるものではなかった。彼の主張は、アメリカをはじめとした西洋諸国と手を組み、経済発展と国際社会におけるプレゼンスの向上に心を奪われたサウード家に、ワッハーブ主義を国是と掲げる資格も、イスラーム世界の盟主を目指す国家の統治者たる資格もないと断罪するものであった。

戦略や展望に富んだ政治運動ではなかった点、この事件は一部の狂信的な人々による単発的な事件と捉えられ、ひとたび鎮圧すれば済む話であった。それでも、この事件が国内で頻繁には語られてこなかったことからは、「サウード家はイスラームに反している」とのウタイビーの主張が掘り起こされたくないものだった事情が推察できる。事件からちょうど四〇年たった二〇一九年、国内で初めて占拠事件を描いたテレビドラマが放映された。ウタイビーを演じたサウジアラビア人俳優は、役柄の心情を「幼稚で自分勝手」と評した。事件を公の場で語るのに、四〇年の歳月を必要としたのである。

一九七九年

ところで、聖モスク占拠事件が起こった一九七九年は、サウジアラビアだけでなく、中東全域にとっての大きな転機といえた。一月にはペルシャ湾対岸のイランで革命が起こり、パフレヴィー朝が倒れて現在のイラン・イスラーム共和国が誕生した。三月にはエジプト・イスラエルの平和条約の締結、七月にはイラクでサッダーム・フサインが大統領に就任した。そして一二月にはソ連がアフガニスタンに侵攻するなど、騒擾《そうじょう》続きの一年となった。

こうした地域の不安定化は、イスラーム世界の盟主を目指すという、サウジアラビアの地域外交における青写真の大きな一歩となった。ペルシャ湾岸諸国の新たな協力体制としてGCCを設立し、イスラエルからパレスチナを守護する立場をエジプトに代わって担い、また資金援助や義勇兵派遣によって、ムジャーヒディーンと呼ばれるアフガニスタンの現地抵抗勢力に協力した。

サウジアラビア人の人類学者、マダーウィー・ラシードは、こうした地域情勢に触れつつ、一九七九年を「サウジアラビアの過激化がはじまった年」と説明する（*The New York Times*, November 10, 2017）。聖モスク占拠事件を機に、政府が国内の治安維持の必要性を痛感し、社会の規制を強めたためである。またサウジアラビア史を専門とするナビール・ムリーンは、一九七九年について、サウジアラビアが「古い権力・権威構造を再び必要とした」、つまり「サウード家とウラマーの暗黙の連帯が復活した」ことで、宗教界のプレゼンスが向上したタイミングと説明する（Nabil Mouline "Enforcing and Reinforcing the State's Islam"）。

第2章でも触れたように、一九八〇年代には勧善懲悪委員会による風紀取り締まりが活発化し、町からは映画館などの娯楽施設が姿を消した。聖モスク占拠事件で背教者との汚名を着せられたサウジアラビア政府が、再びワッハーブ主義にもとづいた社会形成に舵を切ったのである。ただし、こうした変化は内政に限り、外交面では依然としてアメリカとの強力な関係を維持していた。このことが、過激主義の第二の潮流につながる。

ムスリム同胞団の流入

第二の潮流として取り上げたいのはムスリム同胞団だ。ここで、同組織とサウジアラビアのかかわりを確認したい。

一九二〇年代後半にエジプトで誕生したムスリム同胞団は、一九五〇年代以降、弾圧を逃れるために一部のメンバーが周辺諸国に移住した。そんな彼らを積極的に受け入れた場所の一つが、サウジアラビアをはじめとするペルシャ湾岸のアラブ地域である。

この時期、サウジアラビアでは現在の主要な国立大学が設立されはじめた。メッカのウンムルクラー大学、リヤドのイマーム・ムハンマド・イブン・サウード・イスラーム大学（通称イマーム大学）とサウード国王大学（旧名リヤド大学）、メディナのイスラーム大学などだ。同胞団メンバーには、教育分野を始め、公的機関を中心に活躍の場が与えられ、とくにウン

5－1　リヤドにあるサウード国王大学　筆者撮影

ムルクラー大学では幹部として厚遇された（5－1）。

湾岸地域で同胞団のメンバーが受け入れられ、重用された背景にはいくつかの理由がある。まず、まだほとんどの国が独立以前であった当時の湾岸地域にとって、エジプトで世俗教育や宗教教育を受けた同胞団メンバーが「都会の先進的な人々」だったことだ。加えて、当時のサウジアラビアにとってエジプトは、同じスンナ派アラブの目指すべき近代国家であると同時に、域内に社会主義の陣営を築こうとするアラブ民族主義の中軸として、ワッハーブ主義と思想的に対立する立場にあった。このためサウジアラビアは、同胞団を支援することで域内におけるエジプトの影響力拡大を防ぎ、なおかつ自国の影響力をエジプト国内に浸透させることを目指した。

ただし、サウジアラビア政府は同胞団メンバーの役割を国内のインフラ整備のためのアドバイザーや労働力にとどめ、彼らが政治・宗教的影響力を持つことは認めなかった。まだエジプトで本格的な弾圧が開始する前、同胞団の創設者であるハサン・バンナー（一九〇六〜四九年）はサウジアラビアを訪問してアブドルアジーズ国王に謁見し、同胞団の支部を国内に設立することの許可を求めた。しかしサウジアラビアでは政党をはじめとした各種結社の設立が禁じられており、国王はこの要望を断った。

一方、同胞団の影響は個々人の教育活動をとおして国内に根づいていった。この代表的な人物がムハンマド・クトゥブ（一九一九〜二〇一四年）である。彼はハサン・バンナー亡き後のエジプトで同胞団の理論的指導者を務めたサイイド・クトゥブ（一九〇六〜六六年）の弟で、兄がエジプトで処刑されたことを受けてサウジアラビアに移住した。そしてウンムルクラー大学やジッダのアブドルアジーズ国王大学で教職に就き、兄サイイドのイスラーム主義に関する著作の内容について講義を続けた。

サイイド・クトゥブのイスラーム主義思想の柱は、西洋の帝国主義と非イスラーム的な政治体制の排除であり、これらはイギリスと社会主義による支配を経験したエジプトの同胞団の歴史を反映したものである。これに対してサウジアラビアのワッハーブ主義は、社会に根づいていた民間信仰や中世の伝統などを排除の主たる対象とし、政治体制の非イスラーム性を糾すことは優先事項としてこなかった。いずれもイスラーム的な社会形成を目標に掲げはするが、そのために何を標的とするかにおいて、両者は決定的に異なるのである。

湾岸戦争と「サフワ」

ムハンマド・クトゥブの思想的影響を受けた新しい世代が、一九九〇年〜九一年の湾岸戦争をきっかけに現れた。イラクのクウェート侵攻に端を発した湾岸戦争は、クウェートと国境を接し、石油輸出国としてイラクと地域覇権を争うサウジアラビアにとって重要な意味を持った。サウジアラビアはアメリカ主導の多国籍軍の国内駐留を認め、対イラク陣営としての立場を示した。しかし、異教徒を中心とした多国籍軍を国内に招き入れる一方、同じスンナ派アラブのイラクと戦うという姿勢は国内の一部から不信を招き、彼らが政治改革要求をはじめた。

この中心人物に、ウンムルクラー大学でムハンマド・クトゥブの薫陶を受け、同大学でイスラーム学の教員を務めていたサファル・ハワーリー、またカシーム州の州都ブライダの人気説教師であり、同州のイマーム大学分校でイスラーム学の教員を務めていたサルマーン・アウダがいた。二人を筆頭に、誓願書の提出という形で政治改革要求を行ったメンバーは、後に「サフワ」（アラビア語で「覚醒」を意味する）と呼ばれた。

彼らは、より厳格なイスラーム法の適用にもとづいた国家形成を政府に求め、さらには立法権や司法権の独立、ウラマーの地位向上、政府機関からの腐敗一掃といった、従来の国家体制に対する明らかな不満を誓願書に書き綴った。誓願書の署名者には宗教界や教育界、また法曹界の人々が含まれていた。

政府は、宗教界の中枢でないとはいえ、本来なら体制側と呼べる宗教エリートたちが体制を批判していること、さらに宗教学者に限らない幅広い有識者が政府への不満を公にしたことを重く見た。そして最高ウラマー委員会をつうじて、政治改革要求を「社会に不安をもたらす行動」と批判し、サフワのメンバーを公職から追放したほか、海外渡航禁止や自宅軟禁の処分を科すなどして、彼らの影響力が広がる事態を防いだ。

ウタイビー同様、サフワも政府批判の運動としては一過性のものにとどまった。しかしこれは、その後の大きな過激主義の潮流につながった点で、今日なお重要な出来事として語られる。

2 中庸・穏健のイスラーム——九・一一後のヘゲモニー

サフワの政治改革要求運動を牽引したのは、主として国内で公職に就いていた知識人層である。一方、そんな主流派と袂《たもと》を分かち、より直接的な行動を選んだ庶民層もいた。サフワの停滞に伴い、身の振り方はさまざまであったが、一部は政府当局の取り締まりを逃れるため海外に活動の場を求めた。このなかには、後に名を世界に知らしめたウサーマ・ビン・ラーディン（一九五七～二〇一一年）もいた。そしてこれが、イフワーンとムスリム同胞団に続く、過激主義の三つ目の潮流につながったのである。

ウサーマ・ビン・ラーディン

ビン・ラーディンはサウジアラビアの大手ゼネコン、ビン・ラーディン・グループの経営一族の出身である。経済的な意味で庶民層とはいえないものの、ウラマーとしての素養などがあるわけではない点で、サフワの主流であった知識人層には該当しない。彼はアブドルアジーズ国王大学に在籍時、ムハンマド・クトゥブの講義に出席しており、サフワを率いたハワーリーの弟弟子といえる。

知られているように、ビン・ラーディンは一九八〇年代にパキスタンにわたり、イスラーム世界の防衛のため、義勇兵として当時アフガニスタンを侵略していたソ連と戦った。このときの彼は、同胞であるムスリムを共産主義国から防衛する気概にあふれていた。しかし一九八九年のソ連撤退をへて帰国した後、彼が目にしたのは湾岸戦争で母国がアメリカに協力してイラクと戦っている状況だった。これを機にビン・ラーディンは、サウジアラビアに駐留する米軍と、アメリカに依存する母国政府を批判する活動に身を転じた。

この結果、一九九四年にビン・ラーディンはサウジアラビア国籍を剝奪されて国外追放の身となり、再びアフガニスタンに活動の場を移す。彼にとって、これはイスラーム世界の防衛のための新たな戦い（ジハード）のはじまりといえた。

この点、サウジアラビア政府にとっては二つの誤算が生じたといえる。

一つ目は、「ムスリムの土地を占領する異教徒に対して武器を取って戦おう」という至極単純なビン・ラーディンのメッセージが、おそらくはサフワの知識人による啓発以上に、サウジアラビア国内、また世界各地のムスリムの間で支持を得たことである。サフワを率いた人々は、個々人で啓発活動を継続するなかで、湾岸戦争に参入したアメリカを「新たなる十字軍」と評して、次第に主張の軸を政府への政治改革要求からアメリカ批判へと移していった。アメリカに頼る政府を批判する点は同じだが、外敵批判は国内でより多くの支持を集める効果もあった。国外追放となったことで、ビン・ラーディンは、アメリカ批判によって反政府運動が大衆化する状況を、国際的な舞台で作り出すことができた。

二つ目は、ビン・ラーディンが率いた過激主義組織アル・カーイダが、アフガニスタンを根城《ねじろ》としつつ、自然発生的な組織となったことである。彼の呼びかけは、世界中のムスリムが自発的に武装蜂起を行うよう促すもので、この結果、ビン・ラーディン自身も知らない人々がサウジアラビアやアメリカを標的に武装活動を起こしはじめた。

九・一一の影響

九・一一により、サウジアラビアはビン・ラーディンという鬼子《おにご》を産んだ「テロリストの温床」とのイメージを世界に印象づけてしまった。このため政府は、国内の過激主義勢力の掃討だけでなく、テロリストと戦うという自国の立場を世界に向けて示す必要に迫られた。

加えて、政府はイスラーム自体のイメージ改善という責任を負うことになった。九・一一によって「イスラーム＝過激な宗教」という図式が欧米社会に広がったためである。サウジアラビアが目指すイスラーム世界の盟主が、海外にとっての「過激主義の首領」を意味してしまったわけだ。

まず求められたのは、アメリカへの協力である。二〇〇一年一〇月、アル・カーイダのメンバーを匿《かくま》っているとされたアフガニスタン（旧ターリバーン政権）に対して、アメリカは空爆（「不朽の自由作戦」）を開始した。これに際し、サウジアラビアは直接的な軍事参加はしなかったものの、上空通過を許すことでこれに協力する姿勢を見せた。過激主義が浸透した背景に両国政府の蜜月関係があったことを考えれば、こうしたアメリカへの協力は政府への不信感と反米感情を市井の間で強める側面を持っていた。

実際、ブライダに程近い村に生まれ、イマーム大学で教鞭を執っていたフムード・アクラー・シュアイビーは、九・一一を支持する声明を出した。そして彼に賛同する一部の過激な説教師たちは、国内のモスクでアル・カーイダを称賛する主張を繰り返して市民の反米感情を煽《あお》った。これを受けて二〇〇二年五月、すでに釈放されていたハワーリーやアウダといったかつてのサフワの顔役はアル・カーイダを批判する署名を発表したが、逆にシュアイビーの支持者による激しい反論を受けた。

政府主導のイスラームへ

メッカでの聖モスク占拠事件以降、政府は「正しいイスラーム」言説を形成し、国内に普及させる必要性を改めて感じていた。一九九〇年代のサフワの登場によってその傾向はますます強まり、一九九三年の最高ムフティー職の再設にいたったことは第2章で述べたとおりだ。しかし、九・一一は最高ムフティーやウラマーが国内の反体制勢力を非難して済む問題ではなかった。むしろ国際社会に対して、過激主義を拒むとの強い政治的なメッセージを発信する必要があった。

このため、政府は宗教界ではなく、政府主導のイスラーム言説の形成に着手した。これを率いたのが、一九九五年に脳卒中で倒れたファハド国王（一九二三〜二〇〇五年、在位一九八二〜二〇〇五年）に代わって政治を取り仕切っていたアブドッラー皇太子（一九二四〜二〇一五年、皇太子在任一九八二〜二〇〇五年、国王在位二〇〇五〜一五年）である。彼は、二〇〇三年五月に開かれた「思想的対話のための第一回祖国会議」で、「中庸と穏健」という政策路線を掲げた。

中庸と穏健という言葉に込められた意図は、一つは過激主義勢力への対応として従来の弾圧や追放以外の方法を求めるというものだ。この一環で導入されたのが、内務省が元アフガニスタン義勇兵や過激活動の容疑者を対象にリハビリテーションを行う「思想矯正プログラム」である。政府は、アル・カーイダに所属したメンバーがおおむね低学歴であることを背景に、テロ対策における基本方針を「「無知な者」を正しいイスラームに導く」ことと定めた（中村覚「テロ対策に有効なイスラーム的概念の社会化に関する一考察」）。そして彼らに改悛《かいしゅん》を促し、政治目的を実現する手段として暴力が行使される事態を防ごうとした。

中庸と穏健に込められたもう一つの意図は、過激主義対策となりうる国家の宗教的立場を確立することだ。この一環で取り組まれたのが「宗教間対話」である。アブドッラー国王は二〇〇七年、サウジアラビア国王として初めてローマ教皇と会談した（5-2）。二〇〇八年六月にはメッカでイスラーム諸国の代表者を招いて「イスラーム世界対話会議」を開き、各国の指導者にイスラームと同じセム系一神教であるユダヤ教・キリスト教との対話を呼びかけた。また翌月にスペインの首都マドリードで開かれた「宗教間対話会議」では、仏教の指導者も交え、世界の宗教指導者間での連携が訴えられた。

二〇一二年には、オーストリア、スペインとともにアブドッラー国王宗教間・文明間対話

5－2　ローマ教皇ベネディクト16世をバチカンに訪問するアブドッラー国王　2007年11月（写真：ロイター／アフロ）

国際センター（KAICIID：King Abdullah bin Abdulaziz International Centre for Interreligious and Intercultural Dialogue）が設立された。設立にあたっては、ローマ教皇庁のほか、ヒンドゥー教、フランシスコ会、スンナ派、シーア派、カトリック、東方正教会、プロテスタント、ユダヤ教、また日本からは立正佼成会の指導者らが理事として加わった。こうした活動が過激主義を封じ込めるうえで実際にどれほどの成果を上げたかはさておき、アブドッラー国王は従来の、保守的で閉鎖的な「テロリストの温床」というイメージとは異なった、他宗教の指導者と手を携える自国像を世界にアピールし続けた。

「寛容」が意味するもの

中東諸国では、二〇世紀後半の過激主義の台頭以来、「寛容」（tasāmuḥ）が重要な政治議題となってきた。寛容に限らず、「穏健」（muʻtadil）や「中道」（mutawassiṭ）といった類似の標語が、過激主義の対極を指す言葉として普及し、過激主義を封じ込めたい各国政府はこれらを政策の方針として好んで用いた。

九・一一以降、これらの標語は国家、および多国間レベルで急速に広がった。たとえば二〇〇四年にヨルダンのアブドッラー二世国王（一九六二年～、在位一九九九年～）が発出した「アンマン・メッセージ」のなかで、若者を過激主義から引き離すための方法として「中道」が掲げられた。また二〇〇八年に採択されたイスラーム協力機構（ＯＩＣ：Organisation of Islamic Cooperation）の新憲章では、「中道と寛容に基づくイスラームの知識と価値を拡散、促進、保護すること」が加えられた（池端蕗子『宗教復興と国際政治』）。

中東地域以外でも、たとえばインドネシア最大のイスラーム団体ナフダトゥル・ウラマーが、二〇一五年の全国大会で「イスラーム・ヌサンタラ」を標語に掲げた。ヌサンタラの原義は「島嶼《とうしょ》」だが、転じて寛容や共生を是とする「インドネシア的イスラーム」を指す。タイミングを考えれば、こうした動きが過激主義との差異を強調していることは明らかであった。

序章で述べたとおり、寛容は西洋近代が社会にとっての不可欠な秩序の一つとして掲げてきたものだ。この文脈では、寛容は端的には宗教的多様性を指し、政教分離（宗教的性格を排除した政府の下での諸宗教の平等）を主な方法として、伝統宗教であるキリスト教を管理するものであった。今日では、こうした西洋固有の文脈や政治と宗教の関係を超え、寛容は「他人の言動などをよく受け入れる」（『大辞林』三省堂）という個々人の生活態度や倫理・道徳観のあり方と捉えられ、現代の世界で最も否定しがたい価値観の一つとなった。

ただし、西洋近代の寛容はもとより自己矛盾と呼べる不寛容さを持ち合わせている。中世の寛容は「より大きな悪」を防ぐために「より小さい悪」を見逃すという、社会秩序を維持するための実利重視な方法として機能した。近代の寛容もまた、「より大きな悪」を国民国家や市民社会の崩壊と見据えたうえで、ロック、ヴォルテール、ルソーらの哲学者によって議論されてきた。彼らにはいずれも、共同体が是とする寛容を拒むものに対しては不寛容をためらわず、排除、打倒すべきだとの考えが見られる。そもそも、寛容が国家・社会の秩序維持のための方法である以上、これを乱すものは許容されえない。この合理的な矛盾とでも呼ぶべき理念を継承してきた今日の西洋諸国、とりわけライシテ（非宗教性）の原則にもとづいた近代国家の形成・維持を国是とするフランスは、寛容の暴力化が最も進んだ場所の一つといえよう。

二〇一五年一月のシャルリー・エブド誌本社襲撃事件は、近年のフランスで起こったさまざまな「テロ事件」の呼び水となり、政府はこれらを総じて「表現の自由」とそれを拒む不寛容との闘いと伝えてきた。二〇一五年、フランスはモロッコと共同で開始したイマーム（イスラーム指導者）の「寛容トレーニング」を開始した。これはフランスからモロッコにイマームを派遣し、寛容なイスラームを学ぶ訓練を受けるというもので、「（フランスの）共和国主義と世俗主義に根差したイスラーム」を社会に促進することを趣旨とする（*France 24*, September 20, 2015）。つまり、フランスの法律・規範・伝統・慣習に従うイスラーム指導者の育成を目指しており、ゆくゆくは彼らの発話や行動が、フランスで存在することが許される唯一の「イスラーム」になるのだろう。

サウジアラビアが掲げる中庸・穏健を含め、今日、イスラームをめぐって掲げられる寛容をはじめとしたさまざまな標語の第一の目的が、過激主義の封じ込めであることには疑いがない。そこには政府が許可する「公式」イスラーム言説とその担い手を確立しようとの意図が見られる。つまりここでは、寛容が「他人の言動などをよく受け入れる」新世界の価値観などではなく、「正しいイスラーム」を独占的に形成・所有しようとする、ヘゲモニーの旗印として機能しているといっていい。

3　「イスラーム国」の持ちえた意味——人類の敵か、合わせ鏡か

多くのイスラーム諸国が不寛容の排除を目的に、寛容を権力、暴力として掲げたわかりやすい例が、過激主義組織「イスラーム国」への対応である。二〇一四年六月、イラクとシリアの北部を実効支配して「建国」を宣言した「イスラーム国」は、さまざまな意味で世界に衝撃を与えた。たとえば、既存の国境を無視した「国家」樹立であったこと。また、支配地域で宗教の教えにもとづいた統治を敷いたことなどだ。

制度や通念、あらゆる面で異形な存在と見なされた点で、「イスラーム国」はたんに「強い」「広大な支配地域を有する」「テロ組織」とは一線を画すものと扱われてきた。二〇一五

年後半以降、その凋落《ちょうらく》は顕著であるが、その異形さの本質は何だったのかを改めて考えることは、今も決して無意味ではないだろう。

「アラブの春」から「イスラーム国」へ

「イスラーム国」のルーツについてはすでに多くの書籍で説明がなされており、ここでは要点をかいつまんで紹介するにとどめたい。「イスラーム国」は、一神論とジハード団（ジャマーア・タウヒード・ワ・ジハード）と呼ばれた、アル・カーイダ傘下のイラクの小さなグループを源流とする。同組織を率いたアブー・ムスアブ・ザルカーウィー（一九六六〜二〇〇六年）は、一九八九年に義勇兵としてソ連と戦うために祖国ヨルダンからアフガニスタンに渡った。ただし武器の使用経験に乏しかった彼の当面の仕事は雑誌の編集だったという。二〇〇一年秋、九・一一の報復としてアメリカがアフガニスタンへの空爆を開始し、アル・カーイダが同国から撤退せざるをえなくなったことは、ザルカーウィーにとって大きな転機となった。彼は同組織のイラクへの移転に貢献し、その後は同地で武装行動を率い、国連本部やシーア派モスクの襲撃で名を馳せた。

一神論とジハード団は、幾度の組織再編をへて二〇〇六年一〇月には「イラクのイスラーム国」と名乗り、この時点で指導者を「信徒の長」（アミール・アル・ムウミニーン）と呼んでいた。これは預言者ムハンマドの後継者を指すカリフの別称である。ザルカーウィー自身はその前後に米軍の爆撃で死亡したが、「カリフ国家」の樹立という大義は後の「イスラーム国」に引き継がれた。

二〇〇三年のアメリカによるイラク侵攻以降、ザルカーウィーは米軍への抵抗を続けていたが、二〇一〇年頃までには幹部のほとんどは殺害されたといわれる。これに代わって組織を率いたイラク人、アブー・バクル・バグダーディー（一九七一〜二〇一九年）は、同年末に広がった「アラブの春」に乗じて武装活動を展開した。具体的には、隣国シリアの国内各地で二〇一一年夏以降に大規模なデモが起こり、まもなく政府軍と反体制勢力との武力衝突に変わったことで、シリアへと主戦場を移したのである。

「イラクのイスラーム国」にとって、シリア進出は劣勢となったイラクからの避難に加え、シリアのアサド政権と戦う革命勢力として国際社会から武器や資金を獲得する意義があった。イラクで経験を積んでいた戦闘員はシリアで乱立する反体制勢力の主役となり、二〇一三年四月に「イラクとシャーム（シリア一帯を指す）のイスラーム国」と名を改めた。そして二〇一四年六月にイラクに舞い戻り、「イスラーム国」を名乗ったのである。

こうした経緯もあって、サウジアラビアでは「アラブの春」以降、自国を取り巻く安全保障環境が悪化したとの認識が根強い。エジプトでは二〇一一年二月長期独裁のムバーラク大統領の辞任をうけてムスリム同胞団が「自由公正党」を結成し、翌年六月に党首のムハンマド・ムルシーが大統領選挙に勝利した。エジプトでの同胞団の伸長自体は二〇一三年にムルシー大統領が解任されたことで解決したが、後任のアブドルファッターフ・シーシー大統領が強い反同胞団キャンペーンを敷いたことで、同胞団を支援していたトルコやカタールとの関係が悪化した。そしてこれが二〇一七年六月のサウジアラビア・UAE・バハレーン・エジプトと、カタールとの国交断絶の一因ともなった（二〇二一年一月に国交断絶は解消された）。また内戦が続くシリアやイエメンでは、イランがシリアのアサド政権、イエメンの武装民兵組織アンサールッラー（通称フーシー派）をそれぞれ支援し続けることで、サウジアラビアはイランが自国周辺への影響力行使を強めたと認識した。こうした地域の不安定化の隙をついて誕生したのが「イスラーム国」というわけだ。

「イスラーム国」が示した異形

実効支配領域の所有、国家の僭称《せんしょう》、カリフ制度の再興、イスラームにもとづいた統治。

以上はいずれも「イスラーム国」の特徴に数え上げられた要素である。ただしこれらは個々に見れば、必ずしも同組織に固有の要素とはいえない。「イスラーム国」が世界の注目を集めた背景には、以上の複数の要素を持つコングロマリットのような存在であったこと、さまざまな反体制勢力が乱立するシリア戦争を乗っ取って現れたこと、またアメリカが進めていたイラクの安定化に向けた取り組みを台無しにするかのようなインパクト、こうした複数の理由が絡み合ったことがある。

加えていえば、同組織が世界の注目を集めた理由は、おおよそ一般の人間なら「残虐」と呼ぶことをためらわないような処刑の様子を、インターネットで配信し続けたことだ。イスラームでは姦通《かんつう》や同性愛が禁じられるといった知識を持つ人であっても、違反者の首から下を土中に埋めて石を投げて殺したり、建物の最上階から突き落としたりといった刑罰の様子は、同組織の異形さを知らしめるには十分すぎた。

そんな「イスラーム国」をサウジアラビアはどう見ていたのか。同組織がサウード家を「宗教から逸脱した一族」と批判し、殺害を予告したことで、当然ながら政府は現実の安全保障上の脅威と認識した。実際、国内各都市は「イスラーム国」による攻撃を受けており、同組織への非難をためらう理由はなかっただろう。さらに、九・一一の場合と異なり、首領

５－３　**2014年、支配地域で聖廟を破壊する「イスラーム国」**　「イスラーム国」が配信した画像より

（ビン・ラーディン）が元自国民ではない「イスラーム国」は、サウジアラビアにとって負い目なく批判できる相手だといえた。

一方で世間には、サウジアラビアと「イスラーム国」との近似性を指摘する声も見られた。事実、両者はともに「正しいイスラーム」にもとづいた社会形成を目指し、その一環で聖廟や異教徒の遺跡を破壊し（５－３）、宗教警察をつうじて人々の言動を取り締まり、イスラームの教えに反した者に身体刑を科してきた。

政府は最高ムフティーの声明をつうじて、「イスラーム国」を「人類の文明を破壊する、イスラームの最たる敵」と断罪した（*AlJazeera*, August 24, 2014）。とくに西洋諸国のメディアはこの声明を、イスラーム世界の盟主による「イスラーム国」批判のお墨付きと捉えたようだ。ただしこの声明で重要なのは、「イスラーム国」をイスラーム、とりわけワッハーブ主義特有の観点からは批判していない点だ。つまり、本来ならどのようにイスラームに反し、それが批判の根拠となりうるかを述べることが最高ムフティーの役割である。それをへて国際社会——とりわけ非イスラーム諸国——の側は、「イスラーム国」への批判がイスラーム諸国やイスラーム自体への批判と誤解されることはないとの確証を得られる。

しかしサウジアラビアは、「人類の文明」といった普遍的価値を対極に据えて「イスラーム国」を批判した。これによって、政府は同組織を過激なテロリストと見る国際社会との足並みを揃えることには成功した。一方、「イスラーム国」をイスラームの観点からどう評価できるのか、すべきなのかという点についてはお茶を濁したといわざるをえない。

サウジアラビアにとっての「イスラーム国」

サウジアラビアがワッハーブ主義、あるいはイスラーム世界の盟主といった立場に特化した「イスラーム国」批判を避けた背景には、さまざまな要因が指摘できよう。そのなかでも、「イスラーム国」が取り組んだイスラーム的統治を批判すれば、同様の目標を掲げてきたサウジアラビアの宗教政策、あるいは建国意義を否定することにもつながりかねない点は重要だ。

どの程度人々の言動を規制するか、違反者にどの程度徹底して刑罰を与えるかといった点で差異はあれども、「イスラーム国」は自らの統治に対してなにかしらの教義・神学的根拠を提示し続けてきた。彼らを「誤り」というのなら、教義・神学的根拠を用いてそれを論駁《ろんばく》するのが正当だ。この点、サウジアラビア政府としては「イスラーム国」という武装勢力の存在を拒むことは問題ないが、その理由として「イスラームに反しているから」と明言することには慎重さが求められた。

またこれは、たんに自己矛盾を露呈するだけでなく、場合によっては市民感情を刺激する可能性もあった。「イスラーム国」の存在を支持するかどうかはさておき、サウジアラビア市民のなかには同組織の行動様式がイスラーム法に沿ったものだという見方がある程度共有されていたという（アトワーン『イスラーム国』）。実際、「イスラーム国」名義で起こった国内での爆破攻撃の一部は自国民によるもので、また二〇一六年春時点で、同組織には二〇〇〇人以上のサウジアラビア人が参加していた。これは、国別に見た外国人戦闘員の数ではチュニジアに次いで第二位の多さであった（*The Telegraph*, March 24, 2016）。

こうした点を考慮すれば、サウジアラビアにとって「イスラーム国」とは、自国に敵意を向ける他者でありつつ、自国の原点を映し出す鏡のような存在でもあった。前節で述べたように、こうした過激主義を掃討するための大義として、今日では世界各国が寛容という標語を掲げている。この標語の便利なところは名詞でありながら、形容詞でもある点だ。つまり、「イスラーム」であれ「西洋」であれ、「極右」「極左」であれ、それは「寛容」であれば許容され、逆に「不寛容」であれば拒絶される。これによって、西洋諸国はたとえ根底にはイスラームに対する蔑視や嫌悪があったとしても、「寛容なイスラーム」であればこれを受け入れることが理論的に可能となる。

サウジアラビアは当然ながら、「イスラーム」を批判することはできないが、「不寛容」という烙印をおすことで、過激主義組織などを「誤ったイスラーム」だと断罪することが可能となる。つまり、サウジアラビアがイスラーム世界の盟主という立場をとおして手に入れようとしたのは、自国が「正しいイスラーム」を生み出す役割だけではない。その正しさを維持するために、サウジアラビア以外のイスラームのありようを「正しい」かどうか、寛容かどうか判定するという、一種の特権の獲得もまた同国が目指したものだ。この判定にもとづいて「正しくない」「不寛容な」イスラームと宣告されることによって、世界から敵意を向けられるとすれば、この特権は権利というより、むしろ権力と呼ぶ方が適切であろう。

第6章　変革に向かう社会

二〇一七年一〇月、リヤドで開催された経済会議で主催者を務めたムハンマド皇太子は次のように発言した。

> 我々はただ、一九七九年以前の状態に戻るのである。これはつまり世界、あらゆる宗教と伝統、また人々に対して開かれた、中庸・穏健なイスラームへの回帰である。

地域に目を向ければ、「一九七九年以前」と聞いて人々が思い浮かべるのはイラン革命やソ連のアフガニスタン侵攻であろう。国内でいえばメッカでの聖モスク占拠事件だ。いずれにせよ、この発言が中東地域の安全保障環境の整備を含意することは確かである。

しかし、もう少し別の角度から考えたい。「一九七九年」といえば、前章で述べたように国内の「過激化」が指摘されるタイミングだ。ここでいう過激化は、必ずしも右に記した地域・国際情勢ではなく、むしろローカルな文脈での社会の保守化を指す。それは女性が車を運転できなくなったり、娯楽施設が街から姿を消したり、宗教警察の監視の目が厳しくなったりといった変化のことである。

もちろんこれは、イスラームが変質したわけではなく、人々を取り巻く環境が変わったためだ。環境変化の要因として、本書ではすでに石油による経済発展やベビーブームに伴う人口増加、またテクノクラートの台頭などを紹介した。本章では、これらを踏まえて現在進んでいる社会の変化を、いくつかのテーマに絞って説明したい。

1 女性――変革を占う最大の政治議題

まず取り上げるのは女性である。もちろん、ここでいうのは生物学的な区分ではなく、男性とは異なる認識や役割が社会のなかで与えられる、ジェンダー（社会的・文化的につくられた性別差）にもとづいた女性だ。サウジアラビア社会の特性を見るとき、女性はとかく話題に上りやすい。ほとんどすべては、イスラームの教えやサウジアラビアの家父長的な慣習を背景に、女性の権利が制限されているというエピソードだ。これを念頭に置きつつ、今日の変革の目玉として女性が取り上げられている状況について見ていきたい。

宗教問題としてのジェンダー

女性を差別しているとは、イスラーム社会について聞かれる常套句である。ただし、そもそも宗教には男性中心主義的な性格が強く見られる。サウジアラビアの状況について述べる前に、宗教とジェンダーについて簡単に説明しよう。

宗教とジェンダーの問題を眺めたとき、その背景にはおおむね「女性は男性に従うべき」「女性は汚れている」「女性は社会の風紀を乱す」という三つの考えがある。たとえば日本の宗教文化に目を向ければ、釈迦の弟子たちが伝えてきた八敬法《はちきょうほう》によって尼僧《にそう》は常に男性僧侶を敬うべきとの考えが示されてきた。また女性は月経・出産に伴う出血によって穢《けが》れるため、社寺や霊山への立ち入りを禁じられてきた。このほか、女性は漁場や狩猟場などの女神の嫉妬を引き起こして厄災を招き、男性の心を惑わすといった「悪影響」も強調される。こうした考えのもと、宗教はしばしば男性が「聖なるもの」を独占することを許してきた。女性を男性より劣る、あるいは男性の修行の妨げになる存在と位置づけ、霊場や儀式への立ち入りや宗教指導者となることを禁じてきたのである。

もちろん、世界には女性が指導者を務め、男子禁制を課す宗教もある。前者でいえば日本では中山みき、出口なおという女性の「神がかり」によってはじまった天理教（一八三八年～）や大本（一八九二年～）がよく知られている。ただし天理教には真柱《しんばしら》と呼ばれる職制上の指導者が存在し、これは中山みきの子孫である男性が務めている。また大本では、出口なおの娘婿である出口王仁三郎《でぐちおにさぶろう》が啓示の正典化に努め、大本の教義体系を確立した。つまり、巫女《みこ》にとっての山伏（解釈者）となる男性が存在したわけだ。この点、両宗教で女性は聖なる存在にアクセスする役割を有していた一方、組織としての宗教を統制する権力は男性が担っていたといえる。

とはいえ、天理教や大本がいずれも「近代」と呼べる時代に興ったことは重要であろう。キリスト教ではプロテスタントは女性牧師を認めており、英国国教会でも二〇世紀になって女性司祭が誕生した。ユダヤ教では、一八世紀後半のハスカラー運動（ユダヤ啓蒙主義）によって女性が教養として宗教を学ぶ機運が高まり、二〇世紀には非公式ながら女性ラビ（宗教指導者）も誕生した（石黒安里「現代アメリカにおけるユダヤ教の境界線」）。日本でも、明治時代に社寺や霊山での女人禁制が解除されている。

このように、近代が掲げた「宗教からの解放」は、部分的ではあるが宗教におけるジェンダー・ギャップの是正につながった。しかしこれによって、ジェンダー・ギャップが残る宗教や社会は前近代的で、未発達とする見方が育まれてきたことも確かである。

政治議題化する「女性」

イスラームとサウジアラビアは、絶えずこのような蔑視に晒《さら》されてきたといっても過言ではない。

男たちは女たちの上に立つ管理人である。アッラーが一方に他方以上に恵み給うたことゆえ、また、彼らが彼らの財産から費やすことゆえに。それゆえ、良き女たちとは、従順で、アッラーが守り給うたがゆえに留守中に守る女たちである。

（クルアーン四章三四節）

女の信仰者たちに言え、彼女らの目を伏せ、陰部を守るようにと。また、彼女らの装飾（顔と両手以外）は外に現れたもの以外、表に現してはならない。（同二四章三一節）

こうしたクルアーンの聖句は、たとえ女性を守ることが本旨だとの説明を受けても、西洋近代的な価値観を持った人々の目には女性に対する抑圧としか映らないだろう。女性は男性によって守られるべき存在かもしれないが、それは貞潔や従順であることと引き換えである。これは決してイスラームに固有なジェンダー秩序ではなく、むしろ西洋の騎士道精神やレディー・ファーストに強く見られる。しかし、第2章で紹介したメッカ女子校火災事故のような悲惨な出来事によって、人類社会に広く存在するはずのマッチョイズムの責苦を、とくにイスラーム社会が負う立場に置かれるようになったことは確かであろう。

こうした批判への対応を含め、サウジアラビアでは一九九〇年代に女性の社会進出が重要な政治議題となった。当時、国内では人口増加に伴って失業率の上昇が社会問題となり、政府は雇用創出という課題に直面した。ひとまず政府は、違法外国人労働者の取り締まり強化と就労査証の取得手数料の値上げをとおして、民間労働力の九五％を占めていたとされる外国人労働者の減少を図り、代わって自国民の雇用確保に取り組んだ。そしてこの一環で、潜在的な労働力であった女性の社会進出を促し、労働者の自国民割合の増加を目指した。

二〇〇〇年代に入ると、政府にとって女性は国際社会を意識した政治議題ともなった。九・一一やメッカ女子校火災事故をとおして、サウジアラビアに対して「テロリストの温床」、保守的なイスラーム社会といった否定的なイメージが強まったことはすでに述べたとおりだ。この結果、政府は女性の権利拡充を、国内の経済および労働市場にかかわる問題解決にとどまらず、海外に向けて社会の変革をアピールするための方法とも位置づけた。

進む女性の解放

こうした経緯のもと、二〇〇二年に経済企画省（当時）の主管ではじまった経済改革スキーム「二〇二五年長期戦略とサウジアラビア経済のビジョン」では、経済の多角化、民間部門の成長、生活水準・社会保障の向上に加え、女性の権利拡充が掲げられた。

アブドッラー国王の治世下、二〇〇五年にはじまった「アブドッラー国王海外留学奨学金プログラム」は、若年層の人材育成を図りつつ、女性を海外に派遣することで、彼女らが海外で自国の政策転換の広報役となることを期待するものであった。その後、二〇〇九年には女性初となる副大臣が任命され、二〇一一年には女性に地方評議会への参政権が付与された。さらに二〇一三年には、諮問評議員（日本の国会議員に相当。ただし国王が任命し、評議会自体に立法権はない）に女性三〇名が初めて任命された。こうした動きは、女性の教育レベルの向上や政治参加の一歩として注目を浴びた。

加えて、労働市場への参入についても追加の措置がなされた。たとえば二〇一三年、女性用下着や化粧品といった、客が女性に限られる店舗や売り場での男性の就労が禁じられたのである。公共の場での男女の分離を推進しつつ女性限定の雇用を創出する点で、この措置は女性の社会進出に否定的な宗教界と、女性側の双方から理解を得た。

以上の取り組みは徐々に国内に変革ムードを醸成し、漸次的ながらこれを推進する立場のアブドッラー国王への国際的な評価にもつながった。ただし、これによって失業率という積年の課題が解決したわけではない。同国王の治世下では、男性失業率こそ緩やかに減少したものの、女性失業率は逆に上昇した。さらにいえば、先の諮問評議員任命のようなエリート女性の誕生や、公的な場での女性の活動が国内外のメディアを賑《にぎ》わす一方、日常生活における女性への規制緩和には慎重であった。たとえば自動車運転やスポーツ観戦の解禁は、議論に上っただけでいずれも見送られた。

この状況を大きく転換させたのは、サルマーン国王の治世下で二〇一六年四月に発足した経済改革スキーム「サウジ・ビジョン二〇三〇」である。とりわけ二〇一七年六月にムハンマド・イブン・サルマーン王子が皇太子に任命され、ビジョン二〇三〇の実質的な主導者となって以降、公立学校での女性を対象とした体育授業の導入（同年七月）、スポーツ観戦の許可（二〇一八年一月）、自動車運転の許可（同年六月）、男性親族の後見人を伴わない海外渡航の許可（二〇一九年八月）、国軍への入隊の許可（同年一〇月。ただし階級は軍曹を上限とする）といった、前治世下では据え置かれた一般女性への各種規制が大幅に緩和された。

女性パイオニアから見えるもの

規制緩和をへて、今日のサウジアラビア社会では女性の就業、自動車運転、旅行、また髪や首を露出したファッションも、少なくとも都市部では当たり前の光景となった。ビジョン二〇三〇に先立って、勧善懲悪委員会のパトロールが廃止されたことも、女性の公共圏での行動を活発化させた要因の一つだといえよう。政府のお墨付きによって「女性が輝く社会」作りが進んでいるのである。

この状況を背景に、昨今のサウジアラビアでは、さまざまな女性パイオニアたちがメディ

	6	Uber カー・ドライバー
	7	弁護士資格取得（12名、公証人資格）
	8	アジア大会出場（バドミントン・テコンドー・陸上・柔道、於ジャカルタ）
	9	ニュースキャスター（国営サウジTV）
2019	2	在外公館・大使（駐米大使館）
	6	銀行頭取（Saudi British Bank）
	7	職業パイロット（民間航空庁免許取得、初フライト）
	8	広報担当官（教育省）
	8	刑事裁判・司法研修生（50名）
	8	第6回世界女性ボーリング大会出場
	8	クレーン操縦士（於ジェッダ）
	9	ヨーロッパ・中東・アフリカ・バリスタ大会参加
	9	ジッダ県庁技官
	9	交通事故調査員（保険担当）
	10	天気予報士（気候・環境庁職員）
	11	カーレーサー
	11	サウジアラムコ海外支社長（於シンガポール）
	12	DJ（野外音楽イベント参加）
2020	1	司法省・扶養手当事項副局長
	8	タブーク州の地方評議会議長に任命
	8	外務省局長（文化担当）
	8	女性用自転車競技大会（於アシール州アブハー）
	8	二聖モスク庁長官補佐官、次官・次官補（修士・博士の学位を持つ20名を雇用）

6－1　2001年以降、サウジアラビアで報じられてきた主な「サウジアラビア人女性初」の一覧

年	月	内容
2001	—	バイオテクノロジー博士号取得（ケンブリッジ大学）
2005	—	ナノテクノロジー博士号取得（カリフォルニア大学）
2007	—	航空宇宙エンジニア・NASA職員
	4	公認会計士免許取得、サウジ公認会計士協会員
2010	—	寿司職人
	—	マイクロソフト・アラビア管理職
2012	8	夏季オリンピック出場（陸上800m・柔道）
	8	長編映画監督（『少女は自転車にのって』上映）
2013	1	諮問評議会議員
	5	エベレスト登頂
2014	2	新聞社編集長（Saudi Gazette紙）
2015	5	北極海潜水
	12	地方議会議員
2016	4	ホテル支配人（Radisson Blu、於ジェッダ）
	8	商務裁判・判事（行政控訴裁判所、東部州）
2017	2	企業CEO（SAMBA Financial Group）
	2	国内証券取引所会長
	3	ホテル総支配人（Park Inn、於ジェッダ）
	10	在外公館・広報担当官（駐米大使館）
	12	F1のパレードでデモ走行、サウジ自動車連盟（SAMF）役員
2018	2	スティービー・ビジネス賞（ゴールド）受賞
	3	ボクシングコーチ
	5	在外公館・商務担当官（駐日大使館）

アに登場している。なかでも二〇一七年に皇太子がサウジ・ビジョン二〇三〇を主導して以降、官職への女性の登用が目立つ点は重要だ。これ以前にも「サウジアラビア人女性初の〇〇」といった報道は見られたが、件数自体は少なく、またアメリカの大学での学位取得やエベレスト登頂といったような、海外を舞台とする個人の能力に特化した業績が多かった。かたや二〇一七年以降の「サウジアラビア人女性初」は国内を舞台に、官主導で誕生しているケースが目立つ。そしてそれらのニュースは、必ずといっていいほどに「ムハンマド皇太子の主導するビジョン二〇三〇の成果の一環」として紹介される(6-1)。

ここからわかるのは、女性の活躍は期待されつつも、サウジアラビアの変革を象徴し、その変革を推し進める政府(とくにムハンマド皇太子)の功績であるべきという強い政治的意図だ。このことをよく表したのが、二〇一八年六月、女性の自動車運転解禁が決定される前後に起こった、女性の自動車運転解禁を求めてきた活動家たちの逮捕である(*Reuters*, August 1, 2018)。一方で女性の自動車運転を解禁し、他方でこれを求めてきた人々を拘束することは一見すると矛盾と映る。しかし政府側の論理では、女性の自動車運転解禁という歴史的偉業は政府、とりわけ次期国王と目されるムハンマド皇太子の功績でなければならない。したがって、政府が女性を管理している状況自体は大きく変わっていないといえる。

こう考えると、これまで女性に課されてきた規制が今後も順次緩和されていくとしても、それは女性側の優先順位にしたがって進むわけではないとの推理が成り立つ。こうした点は、女性の自立や社会進出を奨励する一方、夫婦別姓には否定的な意見が根強い日本社会などにもつうじるといえるだろう。

2　観光――宗教国家が目指すもの

女性の議題と同様に、今日の変革を占ううえで重要なのは観光産業である。観光はインバウンド消費、関連産業の活性化、雇用創出といった複合的な効果が見込まれるため、多くの国が基幹産業の一つに掲げている。日本では、二〇一五年に「爆買い」がユーキャン新語・流行語大賞に選ばれたように、主にアジアからの観光客によるインバウンド消費が注目されてきた。一方、オーバーツーリズムと呼ばれる「環境公害」や、外国人観光客に対する嫌悪感情も巻き起こるなど、経済面にとどまらない影響も見せている。二〇二〇年以降、COVID-19の影響で観光産業は世界全体で落ち込みつつあるが、経済効果にとどまらない意義も念頭に置きつつ、サウジアラビアの観光政策の試みを紹介したい。

観光政策の軌跡

従来、サウジアラビアは外国人への入国査証を、メッカを訪問するムスリム用の巡礼査証、外交官用の外交査証、短期滞在のビジネスマン用の商用査証、長期滞在の出稼ぎ労働者用の就労査証に限ってきた。とりわけ、非ムスリムの外国人が観光目的で自国を訪問することに対しては、イスラーム社会としての秩序や風紀を維持する観点から慎重な姿勢をとってきた。しかし二〇一九年九月、政府は四九ヵ国を対象に観光査証の発給を開始すると発表した。ここにいたるまでにどのような経緯があったのか。

サウジアラビアの観光政策は女性の議題とつうじる点が多く、やはり一九九〇年代の失業率の上昇がきっかけとなった。当時、アブドゥッラー皇太子は雇用創出の準備として世界貿易機関（WTO）への加盟申請、外国資本一〇〇%の企業進出の許可、また総合投資庁（SAGIA : Saudi Arabian General Investment Authority）の設立によって国内市場の開放を海外にアピールした。観光政策はまさしく、雇用創出、国外からの投資呼び込み、さらには当時年間一六〇億ドルといわれた、自国民の海外消費を国内に転換することの一環として期待されたのである。

二〇〇〇年代に入ると、観光政策は担当官庁の設立によって具体的な進展を見せる。二〇〇〇年四月、第3章で紹介した観光最高委員会（SCT）が設立された。そして二〇〇八年三月、同機関が観光・遺跡委員会（SCTA：Saudi Commission for Tourism and Antiquities）に改称した少し後、大きな出来事が起こる。同年七月にメディナ州にある古代ナバテア人の遺跡マダーイン・サーレハが、サウジアラビアで初めて国際連合教育科学文化機関（UNESCO）の世界遺産（文化遺産）に認定されたのだ。

世界遺産誕生の意味

マダーイン・サーレハの世界遺産認定は、サウジアラビアの観光政策に二つの重要な意味をもたらした。一つは、歴史的に「後進地域」と見なされてきたサウジアラビアの、文明的な豊かさが掘り起こされたことである。二〇二一年時点で、ムスリムが多数派を占めるアジア・アフリカ地域の三七ヵ国には、合計で一九八の世界遺産が存在する。内訳は文化遺産一六六、自然遺産二五、複合遺産七であり、大半が建築を中心とした文化遺産だ。国別に見ると、その数が群を抜いて多いのはイラン（文化遺産二四、自然遺産二）とトルコ（文化遺産一

七、複合遺産二）で、それぞれの長い文明史を物語っている。一方のサウジアラビアの世界遺産は六つにとどまるが（いずれも文化遺産）、その皮切りに登録されたマダーイン・サーレハは、同国の文明史を世界にアピールする格好の材料となりえた。

もう一つの重要な意味は、古代ナバテア人の遺跡という、イスラーム以外の文明の存在が注目を浴びたことである。純粋なイスラーム社会の形成と引き換えに、サウジアラビアは文化的な多様性を放棄してきた。しかし九・一一後に「テロリストの温床」といった批判が寄せられたように、その純粋さが社会の保守性を象徴するものとして、国際社会からのネガティブな評価につながったことは否めない。この点、イスラーム以外の文明が掘り起こされたことは、サウジアラビアへのイメージ刷新にむすびつくと期待された。

こうした背景から、SCTAの観光政策は、これまで知られてこなかった国内の多様性をアピールしようと、脱イスラームともいえる性格を帯びはじめた。二〇一〇年にはリヤド郊外のサウード家の故地であるディルイーヤ・トライフ地区が、二〇一四年には港湾都市ジッダの旧市街が新たに世界遺産に認定された。これらはいずれも「聖地を擁するイスラームの中心地」、あるいは「排他的で過激なイスラーム」といった従来のイメージとは異なる、国家の新たな顔となった（6-2）。

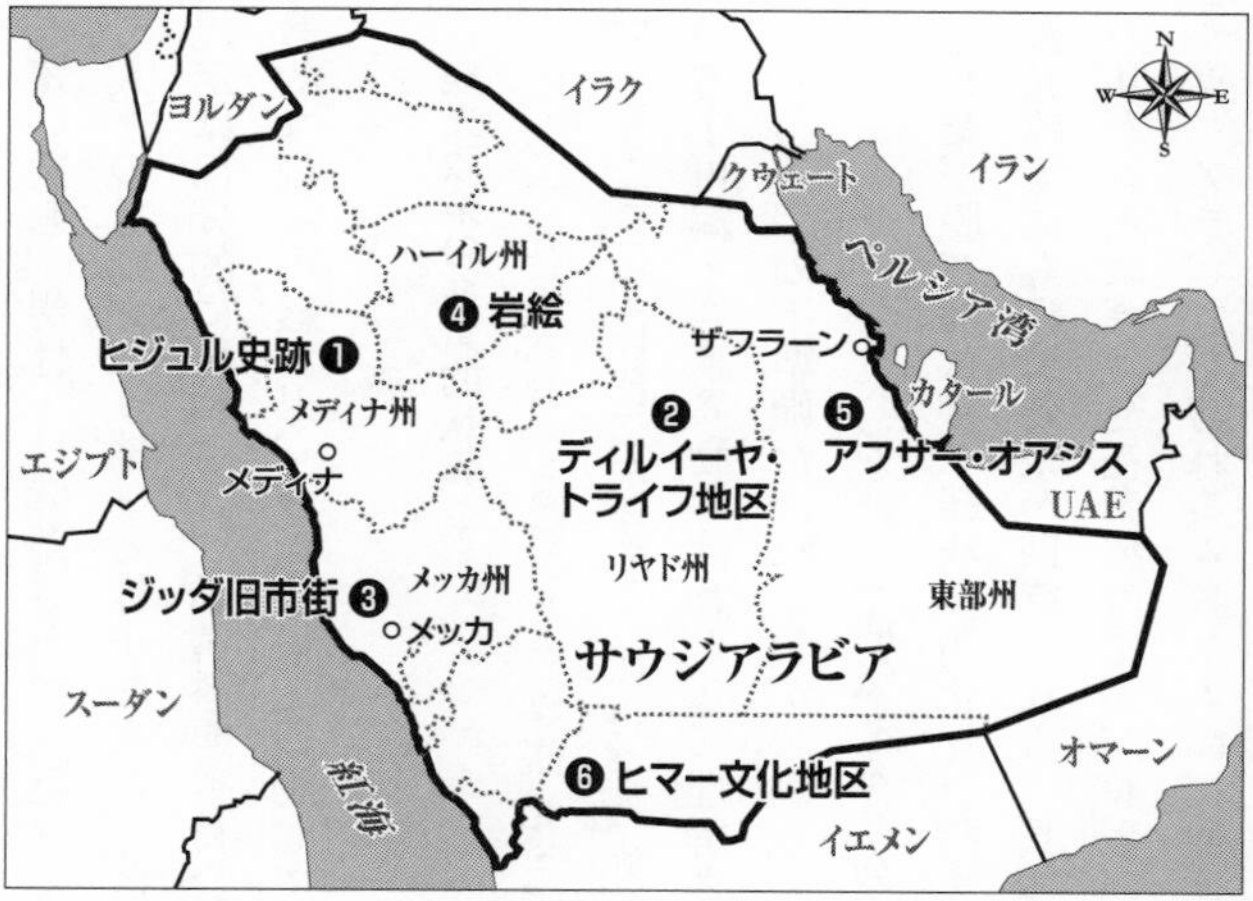

6－2　サウジアラビアの世界文化遺産　2021年時点
①ヒジュル史跡（マダーイン・サーレハ、2008年認定）、②ディルイーヤ・トライフ地区（リヤド、2010年認定）、③ジッダ旧市街（ジッダ、2014年認定）、④岩絵（ハーイル州、2015年認定）、⑤アフサー・オアシス（アフサー地方、2018年認定）、⑥ヒマー文化地区（ナジュラーン州、2021年認定）

実際、二〇一九年の観光査証の発給開始に際して、政府高官らは一様に「外国人にサウジアラビアの真の姿を見て欲しい」と語った。ここでいう「真の姿」とは、イスラームに限らない、過激主義とは異なるサウジアラビアの「新たな顔」、あるいはビジョン二〇三〇の趣旨にのっとった「一九七九年以前」の開放的な社会を示唆している。

逆にいえば、保守的なイスラームのあり方を象徴する風景は、「見て欲しくない」姿ということだ。たとえば、女性が顔や肌を覆い隠し、男性とは隔離されて生活する様子、また勧善懲悪委員会がパトロールをつうじて人々の言動を取り締まる様子などがそれにあたる。しかし前節で見たように、女性の服装規定は部分的に緩和され、勧善懲悪委員会のパトロールも廃止されている。女性の解放や宗教的な規制の緩和が、観光政策と連動している様子が見てとれよう。

観光政策の多角的意義

二〇一五年六月、ＳＣＴＡは観光・国家遺産委員会（ＳＣＴＨ：Saudi Commission for Tourism and National Heritage）に再び改称した。これは、当初こそサルマーン国王即位直後の省庁再編・人事異動の流れとして理解されたが、実際は翌年に発表されたサウジ・ビジョン二〇三〇の下準備だったことがわかる。

ビジョン二〇三〇とは、「活気ある社会」「繁栄する経済」「大望ある国家」の三つを標語とした、脱石油依存・経済多角化を目指すサウジアラビアの経済改革である。当然ながら、観光政策にも経済効果が期待される。具体的な取り組みとして、たとえばビジョン二〇三〇の基本計画には「巡礼者数の拡大、および観光産業とのタイアップ」がある。メッカ巡礼でサウジアラビアを訪れるムスリムに、聖地以外の都市への周遊を促す政策だ。従来、外国人による巡礼後の不法滞在（オーバーステイ）が頻繁に起きたことから、政府は巡礼査証によって巡礼者の滞在先・期間を限ってきた。しかし、ビジョン二〇三〇は年間約一〇〇〇万人に上る巡礼者をインバウンド消費の担い手とすべく、巡礼後の周辺都市への観光プランを用意することを国内の旅行会社に指示している。

こうした取り組みの成果として、二〇一九年一月から八月の国内旅行による消費は前年同期間より八％上昇し、また海外からの観光客の消費は前年同期間より一二％上昇した（*Saudi Gazette*, September 13, October 11, 2019）。政府は観光査証発給をへて、二〇一九年時点で国家収入の約三％である観光収入の割合を、二〇三〇年までに一〇％に上昇させることを目指している。もっとも、消費の増加を維持するには消費を促す場所が必要だ。このため政府は二〇一六年五月、サウジ・ビジョン二〇三〇の発足に伴って新設した娯楽庁をとおして、文化・芸術やスポーツに関するさまざまな催事を企画、誘致してきた。

かつて人々が集まる国内の娯楽行事といえば、春にリヤド郊外で行われる遺産・文化の国民祭典（通称ジャナドリヤ祭）や、ヒジュラ暦の一一月にあわせてメッカ州で開かれるスーク・ウカーズ（ウカーズ市場）が定番であった。いずれも伝統的な手工芸品や剣舞など、サウジアラビアの伝統文化の紹介がメインである。

これに対して娯楽庁が推し進める近年の催事は、ロック音楽のコンサートやアメリカの女子プロレスの試合といった具合に、海外の、興行的性格が強いものが目立つ。もちろん、これまで否定的に見られることも少なくなかった西洋文化の催しを行うことは、それ自体がサウジアラビア社会の変革を国内外にアピールする意味を持つ。他方、こうした催事は支持を集めつつも、なかには入場料が日本円にして数万円、さらには数十万円の特等席が用意されているものもある。つまり、たんなる文化開放ではなく、国内消費の増大を見込んだものであることは明らかだ。

二〇一八年四月、ムハンマド皇太子が代表を務めるムハンマド・イブン・サルマーン慈善財団（MISK）は、リヤド郊外でテーマパーク「キッディーヤ」の着工を開始した。国内で初となる、大規模な滞在型リゾートの建設計画であり、この時点で年間三〇〇億ドルといわれた自国民の海外消費を、国内での消費に置き換えることが目的とされた。海外から訪れた観光客による消費はもちろん、「娯楽がないから」と海外に出かけていた市民を国内にとどめ、彼らの消費を促すことが観光政策に期待されたのである。

「風紀法」が意味するもの

二〇二〇年二月、ＳＣＴＨはとうとう観光省に格上げされた。あいにくＣＯＶＩＤ－19の感染拡大のはじまりと重なったものの、二〇二一年五月には湾岸諸国で初となる国連世界観光機関（ＵＮＷＴＯ）地域支部のリヤドへの誘致に貢献するなど、海外と観光政策をタイアップする窓口としての役割を担っている。

一方、海外からの観光客の誘致に伴ってオーバーツーリズムへの懸念が高まるのは、世界各国に共通した問題であろう。とくにイスラーム諸国の場合、オーバーツーリズムは社会の宗教的な風紀を乱す事態として問題化しやすい。男女の隔離や飲酒の忌避といったイスラームの教えを守るためのルールが、観光客には適用されないケースもあるからだ。これに対して、サウジアラビアでは勧善懲悪委員会が公序良俗にかかわる事案を取り締まってきた。しかし、彼らは観光査証の発給に先立つ二〇一六年、捜査・逮捕権を失い、公共の場からその姿を消している。

これに取って代わり、新たに公共の場で守るべき節度について定めたのが、二〇一九年九月に施行された「風紀法」（Public Decency Law / qānūn al-dhawq al-ʿāmm）である。同法にはジェンダー秩序や服装規定などが含まれ、一見すると勧善懲悪委員会による従来の取り締まり内容を明文化したもの、つまり取り締まりをより制度的にしたものとも映る。

しかし、ここで二つの点に注目したい。一つは、同法の執行は内務省を主管とし、「取り締まりを行うのは警察官」と明記されている点だ。これは、宗教にもとづいた規範の監視が宗教機関から世俗機関の職掌へと移ったことを意味する。もう一つは、同法を違反した人に科される刑罰は財産刑（罰金）に限られている点である。つまり、イスラーム法学のヒスバ（風紀取り締まり）論にのっとった鞭打ちなどの身体刑は科されない。宗教の規範に違反することが神ではなく、国家に対する罪と捉えられているわけだ（6-3）。

政府が思い描く観光政策の理想的な行く末は、非ムスリムを含めた多くの外国人を招き入れ、彼らが国内でお金を落とすことで経済が活性化し、雇用が安定的に増えることである。そして外国人らが、女性が輝き、過激主義と呼ぶには程遠い宗教文化が根づいているサウジアラビア社会の様子を目の当たりにして、現在のビジョン二〇三〇やそれを指揮するムハンマド皇太子の開明的な政策を褒め称えることであろう。

もちろんどの国でも、少なくとも体制側の人間であれば、自国の「良い」面を外国人に見てもらい、これを実現した政府を評価してほしいと思うのが普通であろう。ただしサウジアラビアの場合、イスラームに紐づいたさまざまなネガティブな評価が、とくに西洋諸国から寄せられてきた点は大きな特徴である。さりとて、イスラームは同国の一蓮托生ともいえる

	内容
1	**性的な性質を備えた淫らな振る舞い**
2	住宅地で事前の許可なく大音量で音楽を流すこと
3	**礼拝時間中に音楽を流すこと**
4	飼い主によるペットの糞の放置
5	指定された場所以外でのゴミ捨て、つば吐き
6	高齢者・障害者用の座席や施設の占有
7	公共の場に通じるフェンスなどの乗り越え
8	**不適切な服装**
9	**下着ないし寝間着のみの着用での外出**
10	**卑猥な言葉や節度を欠く絵・デザインが施された服装**
11	**各種差別やポルノ・薬物の使用につながる下品な言葉・絵・デザインが施された服装**
12	許可なく公共の車両や壁に文字や絵を描くこと
13	公共の車両に差別やポルノ・薬物の使用につながるスローガンや絵を描くこと
14	許可なく商用ラベルやチラシを貼り付けること
15	公園や公共の場の指定された場所以外で火を起こすこと
16	他人を傷つけ、怖がらせ、脅かす可能性のあるあらゆる言動
17	許可なく順番待ちの行列を無視すること
18	他人を傷つけ、怖がらせ、脅かす可能性のある、レーザー光線などを浴びせること
19	許可なく他人、また交通事故・犯罪・事件現場を撮影・録画すること

6－3　**風紀法が定める取り締まり項目一覧**　太字は従来勧善懲悪委員会が取り締まっていたもの（中東調査会「中東かわら版」より）

金看板であり、これを放棄したり、悪者に仕立て上げたりすることはできない。この点、観光政策にはイスラームとネガティブな評価とを結ぶさまざまな紐を断ち切る意義もある。

3　幸福――サウジアラビアのニュー・ノーマルを模索する

ビジョン二〇三〇の旗印のもとで進められるさまざまな変革は、疑いなくサウジアラビア社会を大きく変化させている。もちろん、見据えるものが体制のさらなる安定である以上、この変革が王政の廃止や立憲民主主義の導入にいたる可能性はゼロだといえよう。あくまでも、サウード家の威光のもとで人々は管理された自由を享受するのである。

とはいえ、その状況について外部の人間が、「サウジアラビア人は不幸だ」と一概に評価するのは筋違いだ。一般論めいたことをいえば、幸福の基準は他人に押し付けるものではないし、それを押し付けたとして見えてくるのは相手が幸福か不幸かではなく、自分が何を幸不幸の基準にしているかであろう。サウジアラビア社会の変革はどこへ向かうのか、最後に同市民にとっての幸福について考えたい。

ビジョン二〇三〇が見据える幸福

「幸福」とはなにか。この問いに対して包括的な答えを用意する能力は筆者にはない。したがって、ここではサウジアラビア人が通常、あるいは現在関心を寄せている生活の質についての関心に絞って論じたい。

生活（ないし生命）の質（**Quality of Life**）とは、もともと医療分野で患者の尊厳を優先することを念頭に流通した用語といわれる。治療とは別に、患者の考える幸福や、社会通念に照らし合わせた「人間らしい生活」が達成されているかがここでは問題となる。今日では一般に後者を中心に客観的な「幸福度」なるものも普及している。二〇一二年以降、国連が毎年発表している『世界幸福度報告』（*World Happiness Report*）の「国別幸福度ランキング」は日本でも関心が高いようだ。

最新の二〇二一年の幸福度ランキングによれば、サウジアラビアは二六位とある（ちなみに日本は五六位）。二〇二〇年は二七、二〇一九年は二八、二〇一八年は三三位と、同国が国連基準の幸福度を年々上昇させていることがわかる。実際、ビジョン二〇三〇が進めるさまざまな開放政策は、市民からの支持を得つつ国際社会からの歓心を買うことの双方を見据えたものだが、体制の安定性という意味でより重要なのはもちろん前者である。

ビジョン二〇三〇はその目標の一つに「生活の質」の向上を掲げ、具体的にはスポーツや娯楽の振興を取り組みに挙げている。娯楽の振興はすでに述べたとおり、国内での経済活性化を見据えつつ、海外から寄せられる「保守的な社会」との否定的な評価を覆す意義を持つものだ。スポーツ振興はというと、たしかにフィットネス・ジムの建設やスポーツ市場の活性化（6-4）、また先述した女子生徒への体育授業の導入などには同様の意義が見出せよう。

6-4　湾岸諸国に展開するスポーツ用品店サン＆サンド・スポーツの広告「あなたが誰か、見せてやれ」（筆者撮影）

一方で、この分野に関してはより長期的な視野で健康への意識を根づかせようとの思惑が政府には見られる。二〇二一年四月、ムハンマド皇太子はアラビーヤ放送のインタビューのなかで、ビジョン二〇三〇の過去五年間を総括して、国民のスポーツ参加率が一三％から一九％に上昇したことに言及した（*Al-Arabiya*, April 26, 2021）。健康に対する意識向上は、必ずしも経済効果につながるとは限らない。サウジアラビアは他のアラブ社会同様、あるいはそれ以上に大食と車での移動が根づいてきた。そんな社会で人々が飽食を控えれば消費は減るし、徒歩での移動を選べばガソリン需要は低下する。スポーツ振興によって国民が質素なミニマリストになる未来も当然想定されうる。そう考えると、ビジョン二〇三〇が目指す生活の質の向上とは、現在のライフスタイルを見直すというより、国民のライフスタイルを一変させる、いわばニュー・ノーマルな社会の創造にあるともいえる。

とはいえ、変わる価値観もあれば変わらない価値観もある。ビジョン二〇三〇の取り組みの一つである「住宅供給」は、国民の住宅所有率の促進を目指すものだ。政府は住宅省の主導で戸建てを中心とした住宅供給プログラム「サカニー」を二〇一七年に発足した。先述したアラビーヤ放送のインタビューで、ムハンマド皇太子は国民の住宅所有率が四七％から六〇％に上昇したと説明しており、ビジョン二〇三〇では二〇三〇年までにこの割合を七〇％とする目標を立てている。大家族の同居を念頭に置いた「マイホーム神話」はサウジアラビアで今も根強い。今後も若年層人口の増加が見込まれる状況下、マイホームを持つことができるかどうかの関心はさらに強まっている印象だ。これは夢や目標というより、社会の急激な変化のなかで、これまでなら当たり前であった生活環境が手に入らないのではないかという、幸福にあぶれることへの恐怖心のようにも映る。

変革の向かう先

本章の最初の節で、「サウジアラビア人女性初」と銘打った報道が同国内で日々見られることを紹介した。女性に限らず、「サウジアラビア初」を伝えるニュースは今日では珍しくなく、なかには「サウジアラビア初のドッグ・カフェ」といったものもある。ここで勘違いしてはいけないのは、サウジアラビアでとくにドッグ・カフェの登場が切望されていたわけでも、またドッグ・カフェがないことでサウジアラビアが海外から「遅れた国だ」などと非難されていたわけでもない点だ。重要なのは「社会が変革のさなかにある」との実感を国民が共有し、それを受け入れている様子が発信されることである。そして現在、変革は国民が「新しさ」を見出して楽しむ段階から、実質的なメリットを求める段階へと移りつつある。

幸福という大きなテーマを少し狭めて、ここで健康への関心について触れておこう。二〇一七年五月、政府は新たな物品税の導入を決定し、この対象にタバコとエナジー・ドリンクが加えられた。課税率はいずれも一〇〇%である。これらは国民（とくに男性）が愛用してきた生活品だが、サウジアラビアでは二〇〇〇年代から禁煙にかかわるルールが普及し、喫煙はマナーに反するものという公共的な意識が強まった。さらに、私的な感覚としても喫煙は健康を害するものとの考えが一般的になっている。同様にエナジー・ドリンクについても、カフェインや糖分の過剰摂取を懸念する意見が根強く、健康への影響についての意識が強まっている。

政府からすれば、物品税の導入は税収の増加につながる。買い控えが起こったとしても、人々の健康促進によって財政からの医療費支出が減るというメリットがある。人口の四人に一人が糖尿病患者であるとの報告もあるように（*Reuters*, February 2, 2016）、健康志向の普及は国庫にとっても重要な課題となっている。

とはいえ、人々の関心は政府への貢献よりも自身の健康にある。日本であっても、自身が病気になれば国の財政負担が増えてしまうと心配する人はそういないだろう。加えて、今日のサウジアラビア人、とくに若者の間には、タバコやエナジー・ドリンクを「旧世代の習慣」とする、一種の世代間ギャップとしての意識も見られる。アメリカのカウンター・カルチャーのように、旧世代への強い反発を伴うことはないものの、人々は健康を新しい行動様式、ないし規律の一つとして取り込みつつある。

ビジョン二〇三〇は脱宗教か

唐突な話題だが、イスラーム社会では革サンダルを履く男性をよく見かける。モロッコやトルコの市場でなめし革工房を見たことがある人なら、中東の名産品との印象を持っているだろう。現地の生活者目線でいえば、裸足でサンダルという服装は、たとえばモスクで靴を脱いで足を洗って礼拝するさいに大変便利である。

サウジアラビアでは、革サンダルは伝統的な正装の一部ともなる。男性はサウブ（トーブ）と呼ばれるワンピースにビシュトという黒いローブを羽織って、頭部にはシュマーグやクーフィーヤと呼ばれる頭巾を被ってイカールという装飾品で固定するのが、伝統的かつ一般的な正装の様式だ。この際、足元はどうかというと、王族であっても要人であっても革サンダルを履いていることが珍しくない。

理由といい切れるかどうかは定かでないが、ムハンマドの伝承集であるハディースにはサンダルへの言及が少なくない。彼自身がサンダルの生活上の利便性を説き、これを勧めている。彼の慣行を模範とすることで良き信徒になるというイスラームの考え方にもとづけば、サンダルをイスラームにのっとったドレスコードということもできるだろう。

前置きが長くなったが、近年、サウジアラビア人男性の足元を見るとスニーカーが目立つようになった。年齢を問わずに伝統的なサウブにスニーカーを合わせる姿は、以前には珍しかったように思われる。「その靴、格好良いですね」と筆者が声をかけると、「健康のために散歩するにはね、これが良いんですよ」といったごく当たり前の答えが返ってくる。かつてスニーカーは禁止されていたわけではない。開放政策の象徴というより、健康志向の余波として、従来のサンダル文化――その根拠を少なからずイスラームに求めることが可能な習慣――が次第に薄れつつあるのだ。

社会の慣例という点では、二〇二〇年七月、礼拝時間中に商店を閉めなくていいとの決定がリヤドの商工会議所から発表された。毎日五回の礼拝のタイミングで、商店や飲食店は客をすべて出して店を閉じるか、店を閉じて新たな客の入店を断ることが義務づけられていた。そのことで消費者が感じる不便さや、店側が感じる経済的な非効率性についてはしばしば議論されており、とうとうその義務が正式に廃止されたのである。

こうした事例をとおして、ビジョン二〇三〇にはサウジアラビアの脱宗教化という面が少なからず見られる。ただし、イスラーム自体の排除を進めるのが政府の目的ではないことは確かだ。ムハンマド皇太子の「一九七九年以前」の発言に見られたように、ビジョン二〇三〇が目指すのは「中庸・穏健なイスラームへの回帰」、つまりイスラームを超えるものとは捉えられていない。一方、イスラームを根拠として敷かれてきた各種の規制が緩和されているのは、本書で多くの事例をとおして示したように、疑いのない事実である。一見すると矛盾にも映るこれらの二つの方向性からわかるのは、ビジョン二〇三〇が取り組みの端々で、イスラームの再解釈を試みているということであろう。

終章 イスラーム社会としての過去、現在、未来

これまでの内容を簡単に振り返りながら、現在起こっているサウジアラビアのさまざまな変化をどう捉えることができるか、またそれは同国が目指すイスラーム世界の盟主という立場にどのような影響を与えるのかについて、改めて考えてみたい。

第一次王国、第二次王国という二度の興亡をへて誕生した現在のサウジアラビアは、「正しいイスラーム」にもとづいた社会の形成を目指すワッハーブ主義を国是として維持しつつ、その宗教的立場を状況に応じて変化させてきた。そこにはワッハーブ主義の妥協と呼べる面もあれば、イスラームの再解釈によるワッハーブ主義の変質と呼べる面も見られる。これを正当化してきたのが国家体制の維持という大義であることは、いうまでもないだろう。

政府のこうしたあり方に対して、宗教界はとくに一九七〇年代の再編以降、政策を糾すよりも支持する官僚組織としての立場を確立した。政治による宗教の管理が強まったこの時代を近代化と呼ぶことはもちろん可能であろう。ただしここで重要なのは、宗教界――とりわけその中枢をなしていたシャイフ家――自体、サウジアラビアの建国を背景に権威を持ちえた新興勢力だということである。つまり、政府と宗教界は一蓮托生の関係にあるため、宗教界にとっても国家体制の維持はなによりも優先すべき大義なのだ。この点、当時の政府と宗教界の変化を、宗教の政治に対する従属、また人々や社会の宗教からの解放という具合に過度に単純化することには、慎重でなければならない。

一方、国家体制の維持という大義を無視してでもイスラーム的社会の形成にこだわる人々も国内には存在し、本書では彼らについても紹介してきた。二〇世紀初頭のイフワーン、その流れを汲むウタイビーを首領としたメッカ聖モスクの占拠グループ、政治改革を要求したサフワの知識人たち、そしてビン・ラーディンと彼に続いたアル・カーイダの支持者らである。

彼らはサウジアラビアという国家の存在や、サウード家による統治そのものを必ずしも一様に否定したわけではない。しかしサフワを除く人々はサウード家を裏切り者と捉え、断罪を訴えた。サウード家がなにを裏切ったかというと、まずはシャイフ家と協力してイスラームにもとづいた社会を形成するという、一七四四年の政教盟約で確認されたサウード家の基本的な役割である。

加えて重要なことは、こうした断罪が過去に約束されたサウード家のあり方や、政府単体に向けられていたわけでは必ずしもない点だ。たとえばビン・ラーディンによる、政府とアメリカとの蜜月関係に対する批判は、湾岸戦争時に米軍の国内駐留を認めたことでサウジアラビアの空間的なイスラーム性（非イスラーム的なビドアを領土内に持ち込まないということ）が汚されたことに向けられた面がある。一方、当然ながらこうした事態は湾岸戦争以前から生じており、国内には外交団もいれば、インドのヒンドゥー教徒やフィリピンのキリスト教徒の労働者もいる。外国製の車もあればテレビもある。なにより、アメリカとの関係は現王国の黎明期に築かれたものだ。

これらの点を考慮すれば、ビン・ラーディンが糾弾したサウード家の裏切りとは、正確には政教盟約といった過去や、ワッハーブ主義という建国理念ではない。批判の矛先は、アメリカを中心とした国際秩序にサウジアラビアが自ら進んで組み込まれることにあったという方が適切だろう。それは、サウジアラビア政府が目指してきたイスラーム世界の盟主という立場が問われていることにほかならない。サウード家に求められたのは、その盟主としてのノブレス・オブリージュ（高貴なる者の義務）なのである。

こうした批判の動きをへて、サウジアラビアは二〇〇〇年代以降、過激主義との本格的な戦いに突入した。そして幸いというべきか、同国は過激主義の被害者、あるいは過激主義との戦いを率いる側と国際社会に——少なくとも表向きは——見なされた。そしてこの過程で政府は「中庸・寛容なイスラーム」を掲げた。

サウジアラビアが過激主義との決別を宣言したことを、国際社会は歓迎した。この最たる理由は、産油大国であるサウジアラビアの安定が世界のエネルギー市場にとって重要であるためだ。加えて、アメリカをはじめとする西洋諸国にとっては、サウジアラビアがアラブ地域、中東地域、またイスラーム世界で強い影響力を持ち続け、自分たち西洋にとっての窓口であることが望ましかった。なぜなら、イスラームを大義とする過激主義組織の撲滅を掲げることで世界のムスリム、またイスラーム諸国からの反発を招く危険性があるとき、サウジアラビアが過激主義組織を「イスラームに反するもの」と判断し、それが「テロとの戦い」を正当化することができれば好都合だからだ。

こう考えると、イスラーム世界の盟主という立場はサウジアラビアが目指すと同時に、同国をさまざまな形でパートナーとしようとする国々からも期待されてきた面があるといえる。もちろんこのことは、サウジアラビアにとって意外な話ではない。むしろ、石油の安定的な供給を確保したい国、またイスラーム世界とのパイプを確保したい国にとって、自国が高い利用価値を持ちうることをサウジアラビアは十分に認識している。イスラーム世界の盟主という立場を築くことが、非イスラーム世界との外交戦略のうえでも大きな意味を持つ様子が見てとれる。

このことは、二〇一六年に開始したビジョン二〇三〇にも反映されている。同計画が掲げる「国民性の強化」という取り組みでは、「アラブ・イスラーム世界の中心という自覚の強化、寛容・穏健な宗教思想の育成」との趣旨が紹介される。自国の領土で、敬虔で純化された最大限度の生活を市民に課してきたサウジアラビアの公式イスラーム（ワッハーブ主義）が、国際社会における国家の覇権を目指すものへと進化したことがよくわかる。さらに、その公式イスラームをかつて特徴づけたタウヒードや勧善懲悪という概念は姿を消し、代わりに寛容や穏健という、イスラーム世界を超えて普遍的ともいえる支配力を持つ現代的価値観が現れた。

こうした状況を、ムハンマド皇太子は「一九七九年以前」という表現を用いて、現在の状況がサウジアラビアに内在するものであることを示唆した。一方、西洋諸国の人々がこれを「西洋化」と呼んでも不思議ではないし、日本人からすれば西洋に日本を含めた形で「近代化」といえるのかもしれない。いずれにせよ、近代化、世俗化、グローバル化など、どれか一つに絞って現在のサウジアラビア社会の変化を言い表すことは困難である。

しかし確実なのは、サウジアラビアにおいて今やイスラームは、再解釈の対象に含まれているということだ。もちろん、政策レベルでのイスラーム解釈はすでに政府、およびこれを支持する宗教界の手中にある。ただしこれは、政府と宗教界が国家体制の維持を目的に、かつてワッハーブ主義、あるいはサラフ主義と呼ばれた自国の公式イスラームの輪郭を変形させていくものだ。

今日のサウジアラビア社会を眺めたとき、より重要となるのは、変革によって生じる制度、慣習、意識のさまざまな変化を、イスラームに反するものではないと国民が受け入れていることだろう。当然これらは国家に管理されたものであるため、主体的なイスラーム解釈とはいえない。しかし「これはイスラームに反する／反しない」といった、国家が政策運営のうえで行う判断を、個々人が日常生活の利便性や幸福実現の過程で体験できるようになった。主導権こそ持たないが、こうしたイスラームに対する解釈、選択のための権利を、人々は徐々に実感しはじめているのである。

あとがき

本書は、新幹線のぞみが東京・新大阪間を往復する間に読まれることを想定して書いたものである。のぞみは冗談にしても、五時間程度の移動の際、景色も見ながらページをめくることができるような手軽な一冊とすべく、筆者としては努めたつもりだ。

一七四四年にはじまったサウジアラビアの歴史は、周辺の国々、ましてや世界の国々と比べて決して長くはない。それでも、この三世紀弱の間に紆余曲折《うよきょくせつ》をへて、また多くのユニークな出来事を挟みながら今日にいたる。そのすべてを一冊で説明することは困難だ。そこで、本書では現在の同国をめぐって人々が思いつくさまざまなイメージ、またそれを理解するために重要と思われる側面に焦点を当てた。その中心が、イスラーム世界の盟主という、メディアでもしばしば用いられるサウジアラビア像であった。そしてそれは、必ずしもイスラームに由来しないさまざまな、流動的な要素から成り立っていることを、本書では説明してきた。

今日、我々が接するサウジアラビアについての情報は、石油を中心としたエネルギー市場の動向、安全保障を含む国際政治情勢、ビジョン二〇三〇のもとで進む社会の変化、おおむね以上の三種類である。とりわけ社会の変化については、「開放政策」として好意的に語られることもあって、広く人々の耳目に触れているようだ。「女性が車を運転できるようになった」というエピソードが、さながら「ベルリンの壁が崩れた」ようなニュース・バリューを持ったのかもしれない。

筆者がサウジアラビアに滞在した二〇一一～一三年の間、こうした開放政策はまだマニフェストの域を出ていない感があった。そのことを思えば、近年の変革は非常に具体的で、かつ速い。また合理的だ。そしてなにより興味深いのは、それをサウジアラビア人が戸惑うどころか楽しみ、また誇りに思っていると感じられることである。「相も変わらずの国」と、海外からネガティブなイメージを寄せられてきた彼らにとって、今日、社会が変化していることを明白な証拠とともに語れるのはこのうえない喜びなのだろうと思わされる。こうした快感が与えられ続けば、国民の政府に対する支持は一定程度保たれると確信できる。

こうした現状を、なんとか一冊にまとめて幅広い読者層に届けることができればと、中央公論新社に相談させてもらったのが二〇二〇年初頭である。本来であれば同年末にでも刊行すべきものであったのが、約一年の遅延にいたったのはひとえに筆者の怠慢が原因だ。この間、世界がコロナ禍に見舞われるなかで、田舎の家族はどう過ごしているのか、友人は元気にしているのだろうかといった不安に苛まれつつ、なんとか本書の刊行にこぎつけたのは、編集を担当いただいた胡逸高氏の継続的な励ましのおかげである。同氏には、この場を借りて慎んで感謝を申し上げたい。

最後に、コロナ禍で在宅時間が増え、自炊の機会も一層多くなったなか、庭で獲れた野菜を送り続けてくれる両親に感謝の言葉を述べたい。筆者が中東地域で最も幸せに感じることの一つは、生野菜をふんだんに味わえることだ。海外渡航が難しい状況下で届けられる新鮮な野菜は、ふるさとだけでなく中東での思い出も呼び起こしてくれる。

二〇二一年一〇月

高尾賢一郎

Malik, Monica and Niblock, Tim. "Saudi Arabia's Economy: The Challenge of Reform," Paul Aarts and Gerd Nonneman (eds.), *Saudi Arabia in the Balance: Political Economy, Society, Foreign Affairs*. Hurst, 2005.

Mandaville, Peter. *Islam and Politics* (2nd Edition). Routledge, 2014.

Matthiesen, Toby. *The Other Saudis: Shiism, Dissent and Sectarianism*. Cambridge University Press, 2015.

Mouline, Nabil. *Les Clercs de l'islam: autorité religieuse et pouvoir politique en Arabie Saoudite, XVIIIe – XXIe siècle*. Presses Universitaires de France, 2011.

——. "Enforcing and Reinforcing the State's Islam: The Functioning of the Committee of Senior Scholars," Bernard Haykel, Thomas Hegghammer, Stéphane Lacroix (eds.), *Saudi Arabia in Transition: Insights on Social, Political, Economic and Religious Change*. Cambridge University Press, 2015.

Rentz, George S. *The Birth of the Islamic Reform Movement in Saudi Arabia: Muḥammad b. 'Abd al-Wahhāb (1703/4-1792) and the Beginnings of Unitarian Empire in Arabia*. Arabian Publishing, 2004.

Steinberg, Guido. "The Wahhabi Ulama and the Saudi State: 1745 to the Present," Paul Aarts and Gerd Nonneman (eds.), *Saudi Arabia in the Balance: Political Economy, Society, Foreign Affairs*. Hurst, 2005.

Stenslie, Stig. *Regime Stability in Saudi Arabia: The Challenge of Succession*. Routledge, 2012.

Stilt, Kristen. *Islamic Law in Action: Authority, Discretion, and Everyday Experiences in Mamluk Egypt*. Oxford University Press, 2011.

Thompson, Mark C. *Being Young, Male and Saudi: Identity and Politics in a Globalized Kingdom*. Cambridge University Press, 2019.

Zaydī, Mufīd. 2004. *Mawsū'a tārīkh al-Mamlaka al-'Arabīya al-Su'ūdīya: al-ḥadīth wa-l-mu'āṣir*. Dār Usāma, 2004.

Global Jihad. I.B.Tauris, 2007 (2004).

Farquhar, Michael. "Transnational Religious Community and hte Salafi Mission," Madawi Al-Rasheed (ed.), *Salman's Legacy: the Dilemmas of a New Era in Saudi Arabia*. Oxford University Press, 2018.

Freer, Courtney. *Rentier Islamism: the Influence of the Muslim Brotherhood in Gulf Monarchies*. Oxford University Press, 2018.

Freitag, Ulrike. 2011. "The City and the Stranger: Jeddah in the Nineteenth Century," Ulrike Freitag, Malte Fuhrmann, Nora Lafi and Florian Riedler (eds.), *The City in the Ottoman Empire: Migration and the Making of Urban Modernity*. Routledge, 2011.

Okruhlik, Gwenn. "Image, Imagination, and Place: The Political Economy of Tourism in Saudi Arabia," Joseph A. Kéchichian (ed.), *Iran, Iraq, and the Arab Gulf States*. Palgrave, 2001.

Hammond, Andrew. "Producing Salafism: From Inveted Tradition to State Agitprop," Madawi Al-Rasheed (ed.), *Salman's Legacy: the Dilemmas of a New Era in Saudi Arabia*. Oxford University Press, 2018.

Hassan, Islam. *The Muslim Brotherhood in Kuwait: A Historical Analysis of the Islamic Movement*. Grin, 2015.

Hegghammer, Thomas. *Jihad in Saudi Arabia: Violence and Pan-Islamism since 1979*. Cambridge University Press, 2010.

Hertog, Steffen. *Princes, Brokers, and Bureaucrats: Oil and the State in Saudi Arabia*. Cornel University Press, 2010.

Ismail, Raihan. *Saudi Clerics and Shi'a Islam*. Oxford University Press, 2016.

Joyce, Paul and Turki, Al Rasheed F. *Public Governance and Strategic Management Capabilities: Public Governance in the Gulf States*. Routledge, 2017.

Kéchichian, Joseph A. *Faysal: Saudi Arabia's King for All Seasons*. University Press of Florida, 2008.

——. *Legal and Political Reforms in Sa'udi Arabia*. Routledge, 2013.

Lacey, Robert. *Inside the Kingdom: Kings, Clerics, Modernists, Terrorists, and the Struggle for Saudi Arabia*. Penguin Books, 2009.

Lacroix, Stéphane. "Islamo-Liberal Politics in Saudi Arabia," Paul Aarts and Gerd Nonneman (eds.), *Saudi Arabia in the Balance: Political Economy, Society, Foreign Affairs*. Hurst, 2005.

——. *Les islamistes Saoudiens: une insurrection manquée*. Presses Universitaires de France, 2010.

Lister, Charles. *Profiling the Islamic State*. Brookings Doha Center, 2014.

ルソー『社会契約論』桑原武夫・前川貞次郎訳、岩波書店、1954年
ルソー『人間不平等起源論』本田喜代治・平岡昇訳、岩波書店、1933年
ロス、マイケル・L『石油の呪い――国家の発展経路はいかに決定されるか』松尾昌樹・浜中新吾訳、吉田書店、2017年
ユルゲンスマイヤー、マーク『グローバル時代の宗教とテロリズム』立山良司監訳、古賀林幸・櫻井元雄訳、明石書店、2003年
『日亜対訳クルアーン』中田考監修、中田香織・下村佳州紀訳、作品社、2014年

Al Atawneh, Muhammad. *Wahhābī Islam Facing the Challenges of Modernity: Dār al-Iftā in the Modern Saudi State*. Brill, 2010.
al-ʻAql, Nāṣir bin ʻAbd al-Karīm. *Islāmīya, lā wahhābīya*. Dār al-Faḍīla, 2007.
Al Juhany, Uwaidah M. *Najd before the Salafi Reform Movement: Social, Political, and Religious Conditions during the Three Centuries Preceding the Rise of the Saudi State*. Ithaca Press, 2002.
al-Juraysī, Khālid bin ʻAbd al-Raḥmān. *Fatāwā ʻulamāʼ al-balad al-ḥarām: fatāwā sharʻīya fi masāʼil ʻaṣrīya*. Maktaba al-Malik Fahd al-Waṭanīya Athnāʼ al-Nashar, 2011.
Al-Rasheed, Madawi. *Contesting the Saudi State: Islamic Voices from a New Generation*. Cambridge University Press, 2007.
――. "Mystique of Monarchy: The Magic of Royal Succession in Saudi Arabia," Madawi Al-Rasheed (ed.), *Salman's Legacy: The Dilemmas of a New Era in Saudi Arabia*. Oxford University Press, 2018.
Bin ʻAbd al-Karīm, Abū Yūsuf Tāhā bin Muḥammad and Bin Badr al-Dīn, Abū al-Fidāʼ Aḥmad (eds.). *Fatāwā kibār al-ʻulamāʼ al-umma fi al-masāʼil al-ʻaṣrīya al-muhimma*. al-Maktaba al-Islāmīya, 2004.
Bin ʻAbd al-Wahhāb, al-Imām al-Shaykh Muḥammad. *Sharḥ Kitāb al-tawḥīd*. Maktaba al-Hidāya al-Muḥammadī, n.d.
Commins, David. "From Wahhabi to Salafi," Bernard Haykel, Thomas Hegghammer, Stéphane Lacroix, (eds.), *Saudi Arabia in Transition: Insights on Social, Political, Economic and Religious Change*. Cambridge University Press, 2015.
Cook, Michael. *Commanding Right and Forbidding Wrong in Islamic Thought*. Cambridge University Press, 2000.
Darwīsh, Madīḥa Aḥmad. *Tārīkh al-Dawla al-Suʻūdīya ḥattā al-rubʻ al-awwal min al-qarn al-ʻishrīn*. Dār al-Shrūq, 2005.
DeLong-Bas, Natana J. *Wahhabi Islam: from Revival and Reform to*

込め」高岡豊・溝渕正季編著『「アラブの春」以後のイスラーム主義運動』ミネルヴァ書房、2019年
高尾賢一郎「サウジアラビアが目指すイスラーム言説を通じた秩序形成——サラフィー主義、「中道・穏健」、「1979年以前」」『中東研究』536号、2019年
辻上奈美江「サウディアラビアの体制内権力——王族のパトロネージは社会的亀裂を埋められるか」酒井啓子編『中東政治学』有斐閣、2012年
辻上奈美江「湾岸諸国の「アラブの春」——デモの波及、外交そしてビジネスチャンス」日本国際問題研究所編『「アラブの春」の将来』日本国際問題研究所、2012年
辻上奈美江「サウジアラビアの社会変革とジェンダー秩序——国家と宗教、SNS公共圏」高尾賢一郎・後藤絵美・小柳敦史編『宗教と風紀——〈聖なる規範〉から読み解く現代』岩波書店、2021年
中田考『ビンラディンの論理』小学館、2002年
中田考『イスラーム法とは何か？』作品社、2015年
中田考『イスラームの論理』筑摩書房、2016年
中村覚「テロ対策に有効なイスラーム的概念の社会化に関する一考察——サウディアラビアを事例に」吉川元・中村覚編『中東の予防外交』信山社、2012年
羽田正『イスラーム世界の創造』東京大学出版会、2005年
ハンチントン、サミュエル『文明の衝突』鈴木主税訳、集英社、1998年
保坂修司『サウジアラビア——変わりゆく石油王国』岩波書店、2005年
保坂修司『ジハード主義——アルカイダからイスラーム国へ』岩波書店、2017年
保坂修司「湾岸産油国の資源経済と国家ビジョン——レンティア国家の石油依存体質脱却」縄田浩志編著『現代中東の資源開発と環境配慮』法律文化社、2021年
ムバイヤド、サーミー『イスラーム国の黒旗のもとに——新たなるジハード主義の展開と深層』高尾賢一郎・福永浩一訳、青土社、2016年
森孝一『宗教からよむ「アメリカ」』講談社、1996年
森伸生『サウディアラビア——二聖都の守護者』山川出版社、2014年
守川知子『シーア派聖地参詣の研究』京都大学学術出版会、2007年
森本あんり『不寛容論——アメリカが生んだ「共存」の哲学』新潮社、2020年

参考文献

アトワーン、アブドルバーリ『イスラーム国』中田考監訳・春日雄宇訳、集英社、2015年
アル＝マーワルディー『統治の諸規則』湯川武訳、社団法人日本イスラム協会協力、慶應義塾大学出版会、2006年
飯塚正人『現代イスラーム思想の潮流』山川出版社、2008年
池端蕗子『宗教復興と国際政治——ヨルダンとイスラーム協力機構の挑戦』晃洋書房、2021年
石黒安里「現代アメリカにおけるユダヤ教の境界線—女性ラビをめぐって—」高尾賢一郎・後藤絵美・小柳敦史編『宗教と風紀—〈聖なる規範〉から読み解く現代』岩波書店、2021年
イブン・タイミーヤ『イブン・タイミーヤ政治論集』中田考編・訳・解説、作品社、2017年
ヴェーバー、マックス『職業としての政治』脇圭平訳、岩波書店、2020年（1980年）
大塚和夫『イスラーム的——世界化時代の中で』日本放送出版協会、2000年
大塚和夫『イスラーム主義とは何か』岩波書店、2004年
小杉泰『現代中東とイスラーム政治』昭和堂、1994年
小杉泰『現代イスラーム世界論』名古屋大学出版会、2006年
コーデスマン、アンソニー・H『21世紀のサウジアラビア——政治・外交・経済・エネルギー戦略の成果と挑戦』中村覚監訳、須藤繁・辻上奈美江訳、明石書店、2012年
桜井啓子『シーア派——台頭するイスラーム少数派』中央公論新社、2006年
蔀勇造『物語　アラビアの歴史——知られざる3000年の興亡』中央公論新社、2018年
末近浩太『イスラーム主義——もう一つの近代を構想する』岩波書店、2018年
————『中東政治入門』筑摩書房、2020年
鈴木董『オスマン帝国——イスラム世界の「柔らかい専制」』講談社、1992年
伊達聖伸『ライシテから読む現代フランス——政治と宗教のいま』岩波書店、2018年
高尾賢一郎『イスラーム宗教警察』亜紀書房、2018年
高尾賢一郎「サウディアラビアにおけるイスラーム主義の競合——「公式」イスラーム主義による「非公式」イスラーム主義の封じ

サウジアラビア　関連年表

アブドッラー	2008. 7	古代遺跡マダーイン・サーレハがサウジアラビア初の世界遺産に認定
	2011. 2	東部州、また周辺湾岸諸国で「アラブの春」の余波として抗議運動が散発
	2011. 5	米軍がパキスタンでウサーマ・ビン・ラーディンを殺害
	2013. 1	諮問評議会に女性30名を任命
	2014. 3	ムスリム同胞団を「テロリスト組織」に指定
	2014. 6	「イラクとシャームのイスラーム国」が「イスラーム国」の建国宣言
サルマーン	2015. 1	サルマーン第七代国王が即位
	2015. 3	イエメンへの軍事介入（フーシー派への軍事作戦）開始
	2016. 1	イランと国交断絶
	2016. 4	サウジ・ビジョン2030が開始
	2017. 6	カタールと国交断絶（〜2021. 1）
	2017. 6	ムハンマド・イブン・サルマーン王子の皇太子就任
	2018. 6	女性の自動車運転が解禁
	2018. 10	ジャーナリストのジャマール・ハーショグジーがトルコのサウジアラビア領事館で失踪
	2019. 9	観光査証の発給開始と風紀法の施行
	2019. 12	サウジ・アラムコ社が新規株式公開（IPO）を開始

ハーリド	1975. 3	ハーリド第四代国王が即位
	1979. 1	イランでイスラーム革命が発生、現在のイラン・イスラーム共和国が成立（1979. 4）
	1979. 11	メッカで武装勢力が聖モスクを占拠（～1979. 12）
	1979. 11	東部州のカティーフ市他でシーア派住民によるデモが発生
	1979. 12	ソ連がアフガニスタンに侵攻（～1989. 2）
	1980	サウジ・アラムコの政府保有比率が100となり、完全国有化
	1980. 9	イラン・イラク戦争（～1988. 8）
	1981. 5	GCC の設立
ファハド	1982. 6	ファハド第五代国王が即位
	1985. 10	GCC 加盟国による「半島の盾」軍の創設
	1986. 11	国王の称号が「国王陛下」から「二聖モスクの守護者」に変更
	1990. 8	イラクがクウェートに侵攻。湾岸戦争の開始（～1991. 2）
	1991	サフワによる政治改革要求運動
	1993. 7	アブドルアジーズ・イブン・バーズが最高ムフティーに就任
	1994	ウサーマ・ビン・ラーディンの国籍剥奪
	1995	ファハド国王が脳卒中を患い、アブドッラー皇太子に政治を委任
	1999. 6	アブドルアジーズ・イブン・アブドッラーが最高ムフティーに就任（～1969）
	2001. 9	米国で９・11が発生
	2002. 3	メッカ女子校火災事故で15名が死亡
	2003. 5	アブドッラー皇太子が「思想的対話のための第一回祖国会議」「中庸と穏健」路線を掲げる
	2005. 8	アブドッラー第六代国王が即位
	2007. 11	アブドッラー国王がバチカンでローマ教皇ベネディクト16世と会談

サウジアラビア　関連年表

第三次サウジアラビア王国の主要な出来事

国王	年月	出来事
アブドルアジーズ	1902. 2	リヤドのマスマク城を制圧。リヤド首長国を建設
	1913	東部制圧に伴い国名をナジュド・アフサー首長国に改称
	1921. 1	ナジュド・スルターン国に改称
	1926. 1	1925. 12に西部のヒジャーズ王国を制圧し、連合王国ヒジャーズ王国・ナジュド・スルターン国に改称
	1929. 11	イフワーンとの戦い（〜1930. 1）
	1932. 9	現在の領土を制圧し、サウジアラビア王国と改称
	1933	アメリカとの外交関係が開始
	1938. 3	ザフラーンで石油発見
	1944	Socal現地会社がアラビアン・アメリカン・オイル・カンパニー（ARAMCO）に名称変更
	1945. 2	アブドルアジーズ国王とアメリカのフランクリン・ルーズベルト大統領がスエズ運河で会談
	1948. 5	第一次中東戦争（〜1949. 3）
	1952	ムハンマド・イブン・イブラーヒームが最高ムフティーに就任
	1953	ファトワー発布・宗務監督委員会の設立
サウード	1953. 11	サウード第二代国王が即位
	1956. 7	第二次中東戦争（〜1957. 3）
	1958	「自由王子の運動」（〜1964）
ファイサル	1964. 11	ファイサル第三代国王が即位
	1965	国営テレビ放送が開始
	1967. 6	第三次中東戦争
	1971. 8	最高ウラマー委員会と科学研究・ファトワー発布常任理事会の設立
	1973. 10	第四次中東戦争。第一次オイルショックの開始

地図作成　地図屋もりそん

高尾賢一郎（たかお・けんいちろう）

1978年三重県生まれ．同志社大学大学院神学研究科博士後期課程単位取得満期退学．博士（神学）．在サウジアラビア日本国大使館専門調査員，日本学術振興会特別研究員PD（東京外国語大学アジア・アフリカ言語文化研究所）などを経て，2019年4月より中東調査会研究員．専門は宗教学ならびに現代イスラーム思想・社会史．
著書『イスラーム宗教警察』（亜紀書房，2018年）
『宗教と風紀』（岩波書店，2021年，共著）
訳書 サーミー・ムバイヤド『イスラーム国の黒旗のもとに』（青土社，2016年，共訳）

サウジアラビア
――「イスラーム世界《せかい》の盟主《めいしゅ》」の正体《しょうたい》
中公新書 2670

2021年11月25日発行

著　者　高尾賢一郎
発行者　松田陽三

本文印刷　三晃印刷
カバー印刷　大熊整美堂
製　　本　小泉製本

発行所　中央公論新社
〒100-8152
東京都千代田区大手町 1-7-1
電話　販売 03-5299-1730
　　　編集 03-5299-1830
URL http://www.chuko.co.jp/

Published by CHUOKORON-SHINSHA, INC.
Printed in Japan　ISBN978-4-12-102670-5 C1222

中公新書刊行のことば

一九六二年一一月

いまからちょうど五世紀まえ、グーテンベルクが近代印刷術を発明したとき、書物の大量生産は潜在的可能性を獲得し、いまからちょうど一世紀まえ、世界のおもな文明国で義務教育制度が採用されたとき、書物の大量需要の潜在性が形成された。この二つの潜在性がはげしく現実化したのが現代である。

いまや、書物によって視野を拡大し、変りゆく世界に豊かに対応しようとする強い要求を私たちは抑えることができない。この要求にこたえる義務を、今日の書物は背負っている。だが、その義務は、たんに専門的知識の通俗化をはかることによって果たされるものでもなく、通俗的好奇心にうったえて、いたずらに発行部数の巨大さを誇ることによって果たされるものでもない。現代を真摯に生きようとする読者に、真に知るに価いする知識だけを選びだして提供すること、これが中公新書の最大の目標である。

私たちは、知識として錯覚しているものによってしばしば動かされ、裏切られる。私たちは、作為によってあたえられた知識のうえに生きることがあまりに多く、ゆるぎない事実を通して思索することがあまりにすくない。中公新書が、その一貫した特色として自らに課すものは、この事実のみの持つ無条件の説得力を発揮させることである。現代にあらたな意味を投げかけるべく待機している過去の歴史的事実もまた、中公新書によって数多く発掘されるであろう。

中公新書は、現代を自らの眼で見つめようとする、逞しい知的な読者の活力となることを欲している。

中公新書

世界史

e1

1353 物語 中国の歴史 寺田隆信
2392 中国の論理 岡本隆司
7 宦《かん》官《がん》(改版) 三田村泰助
15 科《か》挙《きょ》 宮崎市定
12 史記 貝塚茂樹
2099 三国志 渡邉義浩
2303 殷―中国史最古の王朝 落合淳思
2396 周―理想化された古代王朝 佐藤信弥
2542 漢帝国―400年の興亡 渡邉義浩
2667 南北朝時代―五胡十六国から隋の統一まで 会田大輔
1812 西《せい》太《たい》后《こう》 加藤徹
2030 上海 榎本泰子
1144 台湾 伊藤潔
2581 台湾の歴史と文化 大東和重
925 物語 韓国史 金両基

1367 物語 フィリピンの歴史 鈴木静夫
1372 物語 ヴェトナムの歴史 小倉貞男
2208 物語 シンガポールの歴史 岩崎育夫
1913 物語 タイの歴史 柿崎一郎
2249 物語 ビルマの歴史 根本敬
1551 海の帝国 白石隆
2518 オスマン帝国 小笠原弘幸
1858 中東イスラーム民族史 宮田律
2323 文明の誕生 小林登志子
2523 古代オリエントの神々 小林登志子
1818 シュメル―人類最古の文明 小林登志子
1977 シュメル神話の世界 岡田明子 小林登志子
2613 古代メソポタミア全史 小林登志子
2661 アケメネス朝ペルシア―史上初の世界帝国 阿部拓児
1594 物語 中東の歴史 牟田口義郎
2496 物語 アラビアの歴史 蔀勇造
1931 物語 イスラエルの歴史 高橋正男

2067 物語 エルサレムの歴史 笈川博一
2205 聖書考古学 長谷川修一
2647 高地文明 山本紀夫
2253 禁欲のヨーロッパ 佐藤彰一
2409 贖罪のヨーロッパ 佐藤彰一
2467 剣と清貧のヨーロッパ 佐藤彰一
2516 宣教のヨーロッパ 佐藤彰一
2567 歴史探究のヨーロッパ 佐藤彰一
2669 古代中国の24時間 柿沼陽平